rowohlt
BERLIN

Karl Lauterbach

Der Zweiklassenstaat

Wie die Privilegierten Deutschland ruinieren

Rowohlt · Berlin

Für Ulrike

2. Auflage Juni 2007

Umschlaggestaltung any.way, Walter Hellmann
Foto des Autors © gezett
Satz aus der Concorde BE und der News Gothic
PostScript bei hanseatenSatz-bremen, Bremen
Druck und Bindung Clausen & Bosse, Leck
Printed in Germany
ISBN 978 3 87134 579 1

Inhalt

Vorwort

In der Zeit von 1987 bis 1995 habe ich fast ohne Unterbrechung in den USA gelebt. Als Stipendiat war ich im Rahmen meiner medizinischen Doktorarbeit zunächst nach Tucson, Arizona, gereist, um ein Forschungsprojekt mit Herzkranken durchzuführen. Danach verschlug es mich nach San Antonio in Texas und dann für sieben Jahre nach Boston.

Ich lernte das amerikanische Gesundheitssystem kennen: Perfektion und krasse Stümperei, höchste ethische Standards und niedrigste Geldschneiderei gehen hier Hand in Hand. Einerseits wird das Menschenmögliche erforscht, andererseits das menschlich Gebotene oft unterlassen. So beeindruckte mich ein Herzchirurg der University of Texas damit, dass er als einer der Ersten Herz und Lunge gleichzeitig transplantierte. Die sechsstündige Operation glich einem genial geplanten Feldzug gegen jede nur denkbare Komplikation, und das Überleben des Patienten wurde vom Operationsteam wie eine kleine Landung auf dem Mond gefeiert. Diese Begeisterungsfähigkeit, diese Leistung und den unbedingten Willen, Krankheiten zu besiegen, kannte ich aus der deutschen Medizin nicht.

Derselbe Chirurg löschte meine Hochachtung jedoch mit einem einzigen Satz wieder aus. Das Krankenhaus lag in einem der ärmsten Stadtteile von San Antonio, und Messerstechereien oder Schießereien mit schweren Verletzungen kamen fast täglich vor. Als ich bei der Versorgung eines spanischamerikanischen Patienten mit einer Stichverletzung half, meinte der von mir bewunderte Spezialist lapidar, dass der einzige Beitrag der Armen zu dieser Gesellschaft darin zu sehen sei, dass wir jungen Studenten und Ärzte an ihnen lernen dürften.

Diese Einstellung war leider nicht die Ausnahme, und unsere Arbeit in der Klinik funktionierte entsprechend. So wurde bei Patienten mit Magenblutung, die weder Geld noch eine Versicherung besaßen, die Blutung im Notfall zwar gestoppt, der die Blutung auslösende Krebs aber nicht behandelt. Für mich war das ein krasser Verstoß gegen fundamentale ethische Standards. Dass ein unversicherter Krebskranker in Deutschland nicht behandelt würde, war völlig undenkbar. Ich begriff, dass es einen riesigen kulturellen Unterschied zwischen Deutschland und den USA gab. Die Amerikaner schienen zu glauben, dass jeder für sich selbst verantwortlich sei und nur auf das Anspruch habe, was er sich selbst verdient hat: die beste Behandlung für Wohlhabende, eine Basisversorgung oder weniger für Arme. In Deutschland hatte ich noch nie einen intelligenten Menschen getroffen, der eine solche Position ernsthaft vertrat; in den Vereinigten Staaten lernte ich später Philosophieprofessoren der Harvard University kennen, die ganze Bücher zur Verteidigung dieser Haltung geschrieben hatten.

Dass jeder Bürger Anspruch auf die gleiche medizinische Versorgung hat, ist eine europäische Idee. Besser und kürzer lässt sich der Unterschied der Werte Europas und Amerikas nicht ausdrücken: Die meisten Europäer sind der Überzeugung, dass Bildung und Gesundheitsversorgung nicht vom Einkommen abhängen sollten. Die meisten Amerikaner hingegen würden dieses zentrale Gebot der Chancengleichheit der Menschen ablehnen. Dennoch hat ausgerechnet ein amerikanischer Philosoph, John Rawls, die mit Abstand bedeutendste Begründung des europäischen Ideals der Chancengleichheit geliefert.

In den USA habe ich von den besten wissenschaftlichen Einrichtungen profitiert, aber immer ein Unbehagen darüber empfunden, dass hier die Elitekader eines ungerechten Systems forschen. Als ich nach Deutschland zurückging, wusste ich zwar, dass es nicht die Spitzenforschung der Vereinigten Staaten bieten konnte, hielt dafür aber die Chancengleichheit für gegeben. Ich wurde bitter enttäuscht. Denn ich musste feststellen: Das deutsche Bildungs- und Gesundheitssystem sind nicht nur Mittelmaß, was die Leistung angeht, sondern zudem höchst ungerecht. Auch in Deutschland entscheidet das Einkommen des Patienten über seine medizinische Versorgung, und die Unterschiede in der daraus resultierenden Lebenserwartung von Reich und Arm sind hier so groß wie in den USA. In keinem Land in ganz Europa hängen die Bildungsergebnisse sogar so sehr vom Einkommen der Eltern ab wie in Deutschland.

In der Tat sind alle Bereiche unserer sozialen Sicherung ungerecht, also neben dem Gesundheitswesen auch das Rentensystem und die Pflegeversicherung. Selbst der deutsche Arbeitsmarkt ist nicht neutral, sondern schreibt systematisch die durch das ungerechte Schulsystem bedingten Nachteile fort. Von der Wiege bis zur Bahre wird in Deutschland die Chancengleichheit verwehrt. Stattdessen herrscht der Zweiklassenstaat. Der Hauptunterschied zu den Vereinigten Staaten besteht darin, dass wir dies bestreiten, weil wir es eigentlich falsch finden, während die Amerikaner solche Unterschiede in großen Teilen für richtig halten. Wir wähnen uns in einer Gesellschaft, die die Ideale der Chancengleichheit und der sozialen Gerechtigkeit verwirklicht hat, und der Staat hilft, diese Fiktion zu erhalten.

Es ist eine Schande: Statt für einen gerechten Ausgleich zu sorgen, vergrößert der deutsche Staat die Kluft zwischen Arm und Reich. Intelligente Kinder aus armen und bildungsfernen Familien haben – bei gleicher Leistung – eine vielfach geringere Chance, aufs Gymnasium zu kommen und zu studieren. Als Niedrigqualifizierte und Geringverdiener erledigen sie Jobs, die die Gesundheit stärker gefährden als akademische Berufe. Sie haben deshalb ein höheres Krankheitsrisiko und eine kürzere Lebenserwartung. Als Kassenpatienten leiden sie dann unter der Zweiklassenmedizin, die privat Versicherten den Vorzug gibt. Aufgrund der großen internationalen Konkurrenz im Niedriglohnsektor sind sie auch in höherem Maß von Arbeitslosigkeit bedroht. Ihre Rente fällt deshalb später nicht nur sehr viel geringer aus als die der Gutverdienenden, sie können sie auch nur viel kürzere Zeit genießen. Sie zahlen also mehr in die Rentenkassen ein, als sie ausbezahlt bekommen, und sichern so zusätzlich die Renten der Einkommensstarken. Werden sie zum Pflegefall, leiden sie erneut unter der Zweiklassenversorgung der Patienten.

Das vorliegende Buch versucht so konkret wie möglich, die tatsächlichen Probleme Deutschlands und unseres Arbeitsmarktes aufzuzeigen, und schlägt Strategien zu ihrer Überwindung vor. Es stützt sich dabei auf internationale Vergleiche und aktuelle wissenschaftliche Studien sowie Berechnungen des Instituts für Gesundheitsökonomie und Klinische Epidemiologie der Universität zu Köln.

Deutschland ist nicht nur ungerechter, als wir wahrhaben wollen, sondern auch schutzlos den Herausforderungen des demographischen Wandels und der Globalisierung ausgesetzt. Es ist ein kinderarmes Land, das bei der Integration versagt, seine Talente zu einem großen Teil verschwendet und seine Sozialsysteme bald nicht mehr bezahlen kann. Es ist ein Land, in dem Reformen scheitern, wenn diese an den zentralen Privilegien einer Klasse rütteln, die stärker als Teile der Politik zu sein scheint. Wenn wir aber für die Herausforderungen der Zukunft gewappnet sein wollen, dürfen wir mit diesen Reformen nicht länger warten. Der Aufschwung allein wird keines der in diesem Buch geschilderten Probleme lösen. Und in der Großen Koalition können die notwendigen Veränderungen kaum durchgesetzt werden. Bald jedoch wird allen offenbar werden, woran unsere Gesellschaft krankt. Spätestens dann schlägt die Stunde der Politik.

Bildung erster und zweiter Klasse

1997 sprach ich mit dem Kanzler der Universität zu Köln über die notwendige Aufholjagd der deutschen Hochschulen im Wettkampf mit den Vereinigten Staaten und den europäischen Nachbarländern. Ich war gerade als Professor berufen worden und blickte während des Gespräches voller Ehrgeiz und Stolz aus dem Fenster auf den Platz vor dem Hauptgebäude. Wir besprachen die Probleme der deutschen Hochschule: Das Studium beginnt zu spät und dauert zu lange, die Studienpläne sind veraltet, die Studenten werden in Massen abgefertigt und schlecht auf den Beruf vorbereitet, es mangelt an finanzieller Förderung und an Leistungsanreizen für die Professoren, Forschung und Lehre sind zu wenig getrennt und so weiter.

Die Probleme waren nicht neu. Schon 1987 hätte man diese Diagnose stellen können – damals verließ ich Deutschland für fast zehn Jahre, um in den USA zu studieren und zu forschen. Und heute, 2007? Als ich vor gut zwei Jahren ebenjenem Kanzler mitteilte, dass ich in den Bundestag gewählt wurde, und um meine Beurlaubung bat, hatte sich nichts verändert, die Probleme waren die gleichen geblieben. Wie wird es in zehn Jahren sein?

Die Ruhe vor dem Sturm

Wie ist es möglich, dass wir nicht aufholen, obwohl wir immer wieder davon reden? Wie ist es möglich, dass die bedeutendste Fachzeitschrift für Innere Medizin in Deutschland, die «Medizinische Klinik», nicht einmal mehr zu den fünfzig wichtigsten internationalen wissenschaftlichen Publikationen in der Inneren Medizin gehört? Während in den 1960er Jahren viele japanische Medizinstudenten noch Deutsch lernen mussten, um die deutsche wissenschaftliche Literatur verfolgen zu können, werden heute die Artikel der «Medizinischen Klinik» nicht einmal mehr ins Englische übersetzt.

Fast alle medizinischen Lehrstühle werden jetzt an Bewerber vergeben, die einige Jahre im Ausland waren, weil das Forschungsniveau in Deutschland zumindest in den medizinischen Kernfächern wie Innere Medizin oder Chirurgie kaum ausreicht, diese Stellen zu besetzen. Während junge deutsche Wissenschaftler oder Studenten zu Beginn ihrer Karriere im Ausland gerne genommen werden, gilt dies für etablierte Wissenschaftler so gut wie nie. Nur im extremen Ausnahmefall würde eine amerikanische Spitzenuniversität einen deutschen Lehrstuhlinhaber berufen.

Vor einem «Brain Drain» deutscher Spitzenmediziner oder -forscher müssen wir uns nicht fürchten. Nur die jungen Leute gehen, weil im Ausland die Bedingungen besser sind, um zur Spitze aufzuschließen. In der Wirtschaft ist es nicht anders. Obwohl die explodierenden Vorstandsgehälter in deutschen Unternehmen gerne mit dem Wettbewerb um die Köpfe in der globalisierten Welt begründet werden, gibt es aus den Reihen unserer Topmanager kaum Abwerbungen.

Das Versagen hochbezahlter Manager wird nahezu täglich in der Wirtschaftspresse beklagt. Doch diese Klagen zielen am Kern des Problems völlig vorbei. Obwohl es unsere Volkswirtschaft täglich schwächt und deshalb schon traurig genug ist, stellt dieses Versagen nur die Spitze eines riesigen Eisbergs dar. Unser gesamtes Bildungs- und Forschungssystem befindet sich in einer massiven Dauerkrise, deren Ende nicht abzusehen ist.

Bereits der Aufschwung in den vergangenen Monaten mit einem Wachstum von 0,9 Prozent im vierten Quartal 2006[1] lässt einen Mangel an Ingenieuren und Softwarespezialisten zutage treten, der das Wachstum schon wieder behindert. Hätten wir in den vergangenen Jahren tatsächlich das Wachstum der USA oder gar Chinas gehabt, wären uns längst die Ingenieure ausgegangen.

Im Jahr 2005 gab Deutschland für Forschung und Entwicklung knapp 2,5 Prozent[2] des Bruttoinlandsproduktes aus. Damit liegen wir zwar leicht über dem OECD-Durchschnitt, aber immer noch deutlich unter den drei Prozent, die nötig wären, um den Anschluss an die Weltelite zu halten. Um dieses Ziel zu erreichen, hätte man allein im Jahr 2005 zwölf Milliarden Euro mehr für Forschung und Entwicklung ausgeben müssen. Die Unterfinanzierung betraf insbesondere die Forschungsausgaben des Staates. Im Jahr 1995 lag sein Anteil gegenüber der Wirtschaft noch bei 38 Prozent, im Jahr 2005 nur noch bei 30 Prozent.[3]

Doch mit mehr Geld allein ist es nicht getan – wir müssten den Forschungs- und Entwicklungsbereich auch personell aufstocken, und dafür fehlt es eklatant an qualifizierten Ingenieuren und Wissenschaftlern. Der Wirtschaft dürfen wir sie nicht entziehen, weil dies das Wachstum wieder behindern würde. Wir verkennen die Dramatik der Situation, weil jetzt Aufschwung ist und der Export seit Jahren brummt. Die Lage wird sich in den nächsten Jahrzehnten grundlegend verschlechtern.

Heute sind wir noch Exportweltmeister, weil wir von der Bildungsoffensive der 1970er Jahre profitieren. Damals, in der Blütezeit der deutschen Bildungspolitik, stimmte für die Chancengleichheit der Kinder fast alles: Sie kamen aus allen gesellschaftlichen Gruppen, waren oft die ersten Abiturienten ihrer Familien und damit besonders ehrgeizig und drängten mit diesem Ehrgeiz auf die damals international noch nicht ganz abgeschlagenen deutschen Universitäten. Es ist diese Babyboomer-Generation, die größte Geburtskohorte, die es in Europa jemals gab, die die für den Exportweltmeister bestimmende Generation der heute vierzig- bis fünfzigjährigen Ingenieure, Wirtschaftsfachleute und Wissenschaftler stellt.

Die Ingenieure von morgen kommen aus Geburtsjahrgängen, die nur halb so stark sind. Sie repräsentieren lediglich die Hälfte ihrer Generation, weil die andere Hälfte durch bildungsfernen Hintergrund oder Herkunft aus Migrantenfamilien gar keinen Zugang mehr zum System der Hochschule hatte. Wenn die Babyboomer abtreten – und die meisten dürften den Zenit ihrer kreativen Schaffenskraft bereits erreicht haben –, folgt also eine Generation, deren Kreativität sich nur aus einem Viertel des ursprünglichen Pools der Talente speist: die Geburtenjahrgänge haben sich halbiert, und nochmals der Hälfte dieser Kohorte wird der gerechte Zugang zur besten Bildung verwehrt.

Der zukünftige Pool der Talente reicht vielleicht für ein Land mit 20 Millionen Einwohnern, nicht aber für 80 Millionen. Er wird auch nicht reichen, um Exportweltmeister zu bleiben. Während der Pool deutscher Talente auf ein Viertel geschrumpft ist, ist der internationale Pool gewachsen.

So hat Indien die Zahl seiner Akademiker in den letzten zwanzig Jahren um fünfzig Prozent gesteigert. In China verdoppelt sich gar die Zahl der Akademiker alle fünf Jahre, die Zahl der dort Studierenden hat sich seit 1998 fast verfünffacht. Beide Länder entlassen jedes Jahr um die drei Millionen Hochschulabsolventen auf den Arbeitsmarkt. Allein in China werden nun jährlich rund 600 000 Ingenieure ausgebildet – mehr als alle Ingenieure, die in Deutschland in den letzten zehn Jahren die

Hochschulen verlassen haben. Als eine der reichsten Nationen schafft Deutschland es gerade einmal, 37 000 Ingenieure im Jahr auszubilden[4], und das mit abnehmender Tendenz.

Zwar ist es richtig, dass das Niveau der Ausbildung in China und Indien zum Teil noch schwach ist und mit dem der US-amerikanischen Eliteuniversitäten nicht konkurrieren kann. Das durchschnittliche Niveau deutscher Hochschulen dürfte aber in wenigen Jahren erreicht sein. Unsere Hochschulen produzieren weder die preiswerten Anwendungswissenschaftler Asiens noch die Spitzenforscher der Vereinigten Staaten. Wir produzieren überwiegend Mischakademiker, die weder sehr günstig noch wirklich Weltklasse sind, und wir produzieren davon noch zu wenige.

Die Schwäche unseres Bildungssystems im Bereich von Forschung und Entwicklung wird unsere Wirtschaft an vielen Stellen verwundbar machen. Bereits jetzt begründen 22 Prozent der Unternehmen ihre Verlagerung von Forschung und Entwicklung ins Ausland damit, dass dort mehr Fachkräfte verfügbar seien; 12 Prozent verlegen Forschungsabteilungen ins Ausland, weil sie dort die besseren Wissenschafts- und Forschungsstrukturen vorfinden.[5]

Der Auszug der Forschungsabteilungen großer Unternehmen wird die Regel werden, weil Fachkräfte fehlen und sich auch keine Änderung am Horizont abzeichnet. Bayer verlässt Wuppertal in Richtung Kalifornien. Siemens wandert mit Hightechprodukten nach Asien ab. Selbst Autozulieferern werden mittlerweile anderswo bessere Bedingungen geboten.

Von über 1500 befragten deutschen Unternehmen investierte Anfang 2005 bereits jedes dritte im Ausland in Forschung und Entwicklung, etwa 15 Prozent hatten schon Teile von Forschung und Entwicklung dorthin verlagert, weitere 17 Prozent der Firmen planten eine derartige Verlagerung für den Zeitraum der kommenden drei Jahre.[6] Oft bleibt die Forschung bereits heute nur deshalb in Deutschland, weil sie hier steuerlich gut abgesetzt werden kann oder die altgedienten Firmenchefs mittelständischer Unternehmen ungläubig auf die Entwicklung starren, bevor ihre Firmen untergehen.

Aber bei der deutschen Bildungsmisere geht es um mehr als den Verlust von Forschungsabteilungen oder die Schwäche der deutschen Spitzenforschung im internationalen Vergleich. Unser Bildungssystem schafft es, oben und unten gleichzeitig zu versagen. Es produziert oben keine Spitzenkräfte und unten Massenlangzeitarbeitslosigkeit.

Die Hälfte der Kinder aus Migrantenfamilien besucht lediglich die Hauptschule. Ein Viertel der Migrantenkinder erlangt gar keinen Schulabschluss. Wir leisten es uns, 8,2 Prozent aller Kinder ohne Schulabschluss auf den Arbeitsmarkt zu schicken.[7] Da ist es kein Wunder, dass nur um die zwanzig Prozent eines Jahrgangs in Deutschland ein Hochschul- oder Fachhochschulstudium abschließen (2004). Das sind siebzehn Prozent weniger als im OECD-Durchschnitt.[8] Nur zwölf Prozent der Kinder aus Arbeiterfamilien nehmen überhaupt ein Studium auf.[9]

Die Mehrzahl derer, die ohne Ausbildung sind, wird in Langzeitarbeitslosigkeit, im Bereich steuerlich bezuschusster Arbeit oder mit Löhnen am Existenzminimum leben müssen. In keinem Land Europas konzentriert sich die Arbeitslosigkeit so stark auf diejenigen mit fehlender Berufsausbildung wie in Deutschland. In einer globalisierten Wirtschaft konkurrieren sie zunehmend auch noch mit Dienstleistern und Produzenten aus Niedriglohnländern, die besser ausgebildet sind als sie und billiger arbeiten wollen.

Viel zu viele Jugendliche sind bei uns schon jetzt arbeitslos und ohne Job-Perspektiven. Sie werden sich im Rahmen der EU-Erweiterung und der Öffnung der Märkte Asiens demnächst weiterer Konkurrenz ausgesetzt sehen. Unser Bildungssystem hat ihnen die Schutzimpfung versagt, die sie für das Bestehen dieser Herausforderung benötigt hätten. In keinem anderen großen Industrieland ist der Anteil der sogenannten Risikoschüler so hoch wie in Deutschland: Mehr als 22 Prozent der Fünfzehnjährigen in Deutschland können auch laut der neuen PISA-Studie einfachste Texte nicht lesen und verstehen sowie selbst am Ende ihrer Pflichtschulzeit allenfalls auf Grundschulniveau rechnen.

Während die Gering- und Nichtqualifizierten das Versagen unseres Bildungssystems schon jetzt schmerzlich spüren, wiegt sich die deutsche Mittelschicht noch in Sicherheit, entgegen der herbeifeuilletonierten Hartz-Panik. Solange sich die Arbeitslosigkeit auf Ausländer, Hilfsarbeiter und Frauen konzentriert und der Export brummt, fühlt man sich kaum in Bedrängnis. Die Bedeutung, die der Abgang der Babyboomer-Generation hat, wird von dieser Schicht bisher übersehen. Wenn die einzige Generation der Deutschen, die je einen mehr oder weniger vollständigen Zugang zu Bildung und Studium hatte und die heute auf dem Höhepunkt ihrer Produktivität und persönlichen Gesundheit ist, sich aufs Altenteil zurückzieht, wird die Lage für alle sichtbar zutage treten.

Der Abgang der Babyboomer, also der Geburtenjahrgänge von 1950 bis 1968, wird das Wachstum des Wohlstands in Deutschland gleich in mehrfacher Hinsicht schwächen. Sie fallen aus als Quelle der Innovation und können in dieser Hinsicht nur teilweise von den nachwachsenden Generationen ersetzt werden. Sie waren bis dahin Beitragszahler für das Rentensystem und fordern dann ihre Rente ein. Sie werden nur noch eingeschränkt in die Kranken- und Pflegeversicherung einzahlen, aber Jahr für Jahr mehr Leistungen in Anspruch nehmen. Die Nachfrage nach Häusern, Autos, Motorrädern und Einbauküchen wird wegen der sinkenden Geburtenraten genauso zurückgehen wie der Bedarf an Fabriken oder Facharbeitern, die dort arbeiten könnten.

Aufgrund der höheren Lebenserwartung und der sinkenden Geburtenzahlen wird sich das jährliche Wohlstandswachstum in Deutschland ab 2015 verlangsamen. In zwanzig Jahren wird der Zuwachs schätzungsweise ein Drittel unter dem heutigen Wert liegen.[10] Nur ein besseres Bildungssystem hätte diesen Ausfall kompensieren können.

Ein Land mit dramatischem Demographieproblem muss alles dafür tun, dass die ausgedünnten Generationen zumindest die Voraussetzung für höchste Produktivität im Arbeitsleben geboten bekommen. Für die nächsten dreißig Jahre ist dieser Zug aber bereits abgefahren. Die Kinder, die in den achtziger Jahren nicht geboren wurden, fehlen heute im Studium und in Kürze als Erneuerer, Leistungsträger und Konsumenten ganz. Die Kinder, die damals zwar geboren wurden, deren schulische Förderung aber so schlecht war, dass sie heute ohne oder nur mit einer prekären Ausbildung unterwegs sind, können nicht ernsthaft auf das Niveau gehoben werden, welches ihnen und allen anderen helfen würde.

Der Mittelstand wird die Lage schmerzhaft begreifen, wenn aus dem sich abschwächenden Wirtschaftswachstum die steigenden Kosten der Versorgung der Babyboomer-Generation bezahlt werden müssen. Während heute ein Erwerbstätiger 0,46 Rentner mitfinanziert, also jeder Erwerbstätige die halbe Rente eines Rentners aufbringt, werden es 2030 schon 0,75 Rentner sein. Der Erwerbstätige finanziert dann drei Viertel einer Rente eines einzigen Rentners.[11] Und während heute der gesunde Erwerbstätige rund 6,6 Prozent seines Einkommens für die Krankenversicherung der Rentner ausgibt, werden dies im Jahr 2030 zwischen 14 und 21 Prozent sein.[12]

Die Erwerbstätigen müssen jedoch nicht nur die Lasten ihrer Elterngeneration tragen, sondern zugleich fürchten, dass ihnen später ein ähnliches Leistungsniveau weder in der Rente noch in der Krankenversicherung zur Verfügung stehen wird. Daher werden sie noch Geld für ihre eigene Absicherung zur Seite legen müssen.

Die auf die Generation der Babyboomer folgende Generation wird höhere Sozialabgaben leisten und mehr sparen müssen, bei sinkender Nachfrage in vielen Bereichen. Höhere Löhne zum Ausgleich werden sich kaum durchsetzen lassen, da die Konkurrenz aus dem Ausland wächst und die Arbeitgeber daher einen größeren Anteil der Produktivitätsgewinne für sich in Anspruch nehmen dürften. Steigende Löhne könnten zudem die Arbeitslosigkeit erhöhen, wenn sie zu Verlagerungen der Produktion ins Ausland führen.

Globalisierung bedeutet für Deutschland konkret, dass die Nachfrage nach wenig qualifizierter Arbeit sinken wird, während die Nachfrage nach sehr hoch qualifizierter Arbeit steigt. Darauf hätte uns das Schulsystem in den letzten beiden Jahrzehnten durch eine bessere Qualifizierung der Arbeitssuchenden vorbereiten müssen, hat jedoch das Gegenteil getan. Die Folgen dieses Versagens werden sich nach dem Abgang der Babyboomer schonungslos zeigen.

Das erste und wichtigste Versagen unseres Bildungssystems

Das deutsche Bildungssystem zeichnet sich dadurch aus, dass es gleichzeitig eine schlechte durchschnittliche Leistungsfähigkeit der Schüler, schlechte Spitzenleistungen und eine besonders ungerechte Verteilung der Bildungschancen erreicht. Das erscheint auf den ersten Blick als eine kaum vereinbare Kombination von Niederlagen. Denn verständlich wäre doch eine schlechte Leistung für die Elite der Schüler bei hoher Gleichheit der Ergebnisse aller - oder das Umgekehrte, gute Spitzenleistung und wenig Gleichheit. Immer wieder ist ja zu hören, dass sich Gleichheit und Leistung ausschlössen, was nicht nur

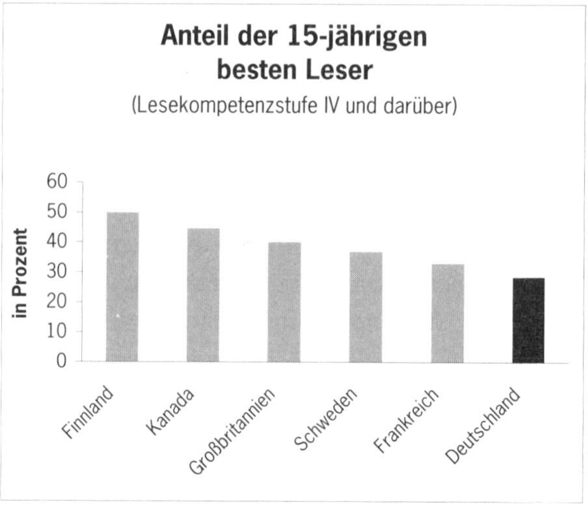

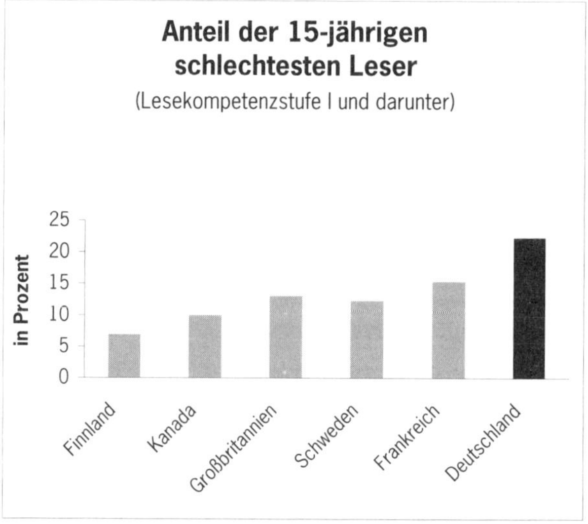

Quellen: Sämmer, G. (2004): PISA (2000); Die deutsche Schulreform im 21. Jahrhundert

Abb. 1: Unser Bildungssystem versagt oben und unten zugleich. So haben wir im Vergleich ausgewählter PISA-Länder die meisten schlechten und die wenigsten sehr guten Leser.

im Bereich der Bildung zwar plausibel, jedoch falsch ist. Wie schafft es unser Bildungssystem, gleichzeitig ungleich, ungerecht und leistungsfeindlich zu sein?

Nun, das Bildungssystem fängt leider früh mit seiner Arbeit an. Die wichtigsten Schäden werden bereits lange vor der Einschulung verursacht, weil hier die Jahre der Kinder verschwendet werden, in denen eine gute Vorbereitung auf die Schule die Nachteile ungünstiger familiärer Verhältnisse noch ausgleichen könnte. Denn die Intelligenz eines Menschen hängt neben seinen Genen besonders stark von der Förderung in den ersten Lebensjahren ab.

Werden Kinder in den ersten Jahren nicht ausreichend gefördert, dann erreichen sie auf dem nicht geförderten Gebiet nie wieder die gleiche Leistungsfähigkeit wie andere Kinder. Sogar im Alter ist man stärker vor Demenz geschützt, wenn man in der Kindheit besonders viel und früh gelernt hat. Das Gehirn gleicht in dieser Hinsicht einem Computer, dessen Betriebssystem nur in den ersten Monaten durch intensive Nutzung voll brauchbar gemacht werden kann. Wird es in dieser Zeit wenig beansprucht, laufen danach alle Anwendungsprogramme etwas langsamer, und der Rechner geht früher kaputt.

Natürlich gibt es große Unterschiede in der Intelligenz von Mensch zu Mensch, und diese lassen sich auch durch eine optimale Förderung der Kinder in den frühesten Lebensphasen nicht ausgleichen. Daneben gibt es Menschen, die von Natur aus so intelligent sind, dass sie selbst ohne Förderung weit über jedes Mittelmaß hinauswachsen.

Trotzdem bleibt die Regel interessanter und wichtiger als die Ausnahme. Die Regel ist, dass die nicht geförderten Kinder als Erwachsene weniger intelligent, lernfähig, lernwillig und gebildet sind. Dabei verstärken sich die Defizite gegenseitig. Ein Mangel an Intelligenz und geringe Lernfähigkeit können dazu beitragen, dass das Kind in der Folge auch weniger lernwillig ist, was wiederum die noch mögliche erreichbare Lernfähigkeit beeinträchtigt.

In der Praxis bedeutet dies, dass die Schule die Unterschiede in der Lernfähigkeit der Kinder nicht mehr abbauen kann, sondern nur noch verstärkt. Die Kinder, die in der Phase vor der Einschulung besser gefördert wurden, können in der Schulzeit ihren Vorsprung ausbauen. Andere, nicht minder intelligente Kinder kommen oft bereits mit Defiziten in die Schule.

So verfügt ein erheblicher Teil der Abc-Schützen nicht über ausreichende Sprachkenntnisse. Dabei handelt es sich keineswegs nur um Kinder mit Migrationshintergrund. In Berlin wurde 2006 jedem neunten einzuschulenden «Kind deutscher Herkunftssprache» eine mangelnde Sprachfähigkeit attestiert.[13] Der Sprachförderungsbedarf für Deutsch ist selbst in der Gruppe der Kinder aus deutschsprachigen Familien, die keinen Kindergarten besuchten, mit 28,6 Prozent wesentlich höher als unter den deutschsprachigen Kindergartenkindern mit 10,6 Prozent. Weitere Untersuchungen ganzer Altersjahrgänge wie beispielsweise in Bielefeld, Mannheim oder Recklinghausen bestätigen, dass etwa 25 bis 30 Prozent der Kinder eines Jahrgangs Sprachentwicklungsauffälligkeiten haben.[14] Die ausschlaggebende Sprachförderung im Kleinkindalter wurde verpasst. Das deutsche Bildungssystem versagt auf einzigartige Weise in der entscheidenden Lebensphase der Kinder.

Wo soll die Frühförderung stattfinden? In der dafür optimal geeigneten Altersgruppe der Null- bis Dreijährigen gibt es im Osten Deutschlands für 37 Prozent der Kinder einen Platz in einer Kindertagesstätte, im Westen nur für 2,7 Prozent.[15] Das ist ein Tropfen auf den heißen Stein. Weil die wenigen Plätze umkämpft und nicht billig sind, haben Kinder von Wenigbegüterten, Arbeitslosen oder Familien, bei denen ein Elternteil zu Hause ist, oft keine Chance auf eine Aufnahme, selbst wenn dies unter kulturellen und sprachlichen Gesichtspunkten nötig wäre.

Für drei- bis sechsjährige Kinder gibt es statt einer qualitativ hochwertigen, verpflichtenden Vorschule mit erstklassigen Bildungskonzepten für alle in Deutschland nur die zu spät einsetzenden Kindergärten, die in vielen Fällen weit unter ihren Fördermöglichkeiten bleiben. Sie sind im internationalen Vergleich unterfinanziert. Häufig werden sie von unzureichend qualifizierten Betreuerinnen geleitet und ohne wissenschaftlich abgesicherte Bildungskonzepte sich selbst überlassen. Sie schaffen es nicht, die Lernfähigkeit mit gezielten Ansätzen zu fördern, und bieten zu wenige Unterrichtsstunden.[16]

Die Mär von den guten Arbeitsplätzen in Kindergärten für nicht so gut ausgebildete Frauen ist nicht totzukriegen. Immer wieder hört man, dass einzig die warmherzige Persönlichkeit der Erzieherin ausschlaggebend für ihren Erfolg sei, ihre Ausbildung hingegen eher hinderlich. Dieser Gegensatz ist unsinnig. Fachkräfte mit einem höheren Bildungsabschluss und einer längeren Ausbildung verhalten sich Kindern gegenüber angemessener. Studien zeigen, dass sie mehr Wahlmöglichkeiten anbieten, die Kinder positiv bestärken und ihnen mehr Freiräume lassen. Fachkräfte mit kürzeren Ausbildungszeiten geben eher Anweisungen, kontrollieren die Kinder, schränken sie ein und bestrafen sie. Die so betreuten Kinder schneiden in ihren sozialen und kognitiven Fähigkeiten schlechter ab.[17]

Während in skandinavischen Ländern studierte Erzieherinnen selbstverständlich zum Einsatz kommen, wehren sich in Deutschland die Arbeitgeber und auch die Arbeitnehmer gegen eine Akademisierung dieses Bereichs. So gibt es kaum Anforderungen an die Ausbildung derer, die unsere Kinder in der wichtigsten Phase ihres Lebens fördern sollen. Das steht im krassen Widerspruch zur teilweise unerträglichen Rhetorik von Kindern als dem «wertvollsten Rohstoff» unseres Landes.

Dabei sind die Argumente gegen die Akademisierung grotesk. Die Kommunen wollen mit billigeren Kräften das Geld sparen,

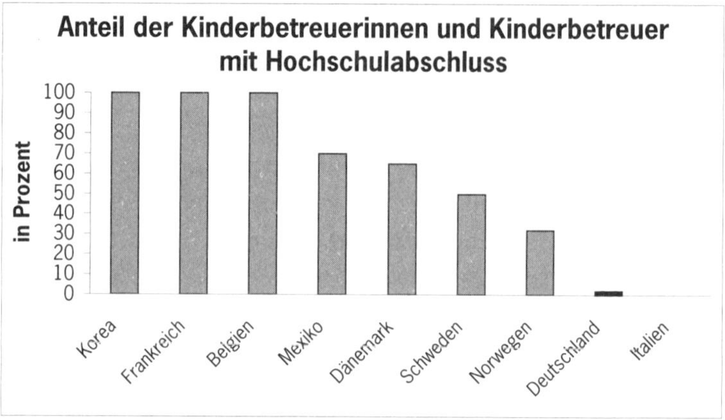

Quelle: OECD: «Starting Strong II», 2006 (Bezugsjahr 2004), S. 145

Abb. 2: Wir haben kaum Anforderungen an die Personen, die unsere Kinder in den entscheidenden Jahren ihres Lebens betreuen.

womit sie dann kurze Zeit später die Schulabbrecher unterstützen müssen. Und die Gewerkschaften fürchten, dass einer der wenigen attraktiven Berufe für Frauen ohne Studium verloren gehen könnte, womit sie die Chancen der Frauen nachfolgender Generationen auf ein Studium aber verspielen. Die Kultusministerkonferenz feiert die Einigung auf gemeinsame Lernziele. Dieser Minischritt in die richtige Richtung ändert leider nichts an der Tatsache, dass es weder einen Plan noch eine geklärte Zuständigkeit, noch eine gesicherte Finanzierung dafür gibt, solche Ziele zu erreichen.

Ein viel größerer Schritt in die falsche Richtung war es, den Ländern im Zuge der Föderalismusreform im Jahr 2006 die alleinige politische Zuständigkeit für den vorschulischen Bereich zu übertragen. Ironischerweise geschah dies just zu dem Zeitpunkt, als auch den Letzten klarwurde, wie notwendig eine nationale Initiative zur Verbesserung der vorschulischen Bildung in Deutschland wäre. Die Länder beanspruchen die Hoheit über die komplette Bildungspolitik, weil dies einer der wenigen Gestaltungsbereiche von Länderpolitik überhaupt ist. Es bleibt eine Tatsache, dass in keinem Bereich für die nächsten Generationen ein ähnlich großer Schaden entsteht wie hier.

Nur 8,6 Prozent der Unter-Dreijährigen haben in Deutschland Zugang zu einer Kindertagesstätte. Damit ist unser Land Schlusslicht. In Schweden stehen für 66 Prozent der Kinder dieser Altersgruppe Betreuungsangebote zur Verfügung, in Finnland für 36 Prozent und in den Niederlanden für 29 Prozent. Eine Qualitätsvorschule wie in Finnland fehlt vollständig.[18] Der Kindergarten wird zwar von 92 Prozent aller Kinder besucht, als Ganztagsangebot gibt es ihn jedoch nur für 36 Prozent von ihnen.[19] Verpflichtend ist sein Besuch nicht, dabei würde allein das uns helfen. Einer Berliner Studie zufolge sprachen nur 47 Prozent der Kindergartenkinder, die nicht mit Deutsch als Muttersprache aufwuchsen, bei der Einschulung ausreichend gut Deutsch, während es unter den fremdsprachigen Kindern, die zu Hause betreut wurden, sogar nur 28 Prozent waren.[20] Trotzdem ist es eine Katastrophe, dass 53 Prozent der Kinder nichtdeutscher Muttersprache trotz Kindergartenbesuch einen Förderbedarf haben. Damit sind viele Kinder schon abgehängt und chancenlos, wenn sie in die Schule kommen.

Das deutsche Bildungssystem als die Wiege des Zweiklassenstaates

Wenn es an Kindertagesstätten, Vorschulen und anderen Fördermöglichkeiten fehlt, schadet es denjenigen Kindern am stärksten, deren Eltern das Versagen des Systems am wenigsten kompensieren können. Die Kinder aus den bildungsfernen Familien und mit Migrationshintergrund sind im wahrsten Sinne des Wortes geborene Verlierer. Sie liegen bereits bei der Einschulung so stark zurück, dass sie diesen Rückstand in der Regel bis zum Ende der Schulzeit nicht mehr aufholen können. Im Gegenteil verstärkt das deutsche Schulsystem den Abstand sogar, wie noch ausgeführt wird.

Alle internationalen Erfahrungen und die wissenschaftlichen Auswertungen der PISA-Studien zeigen, dass gerade die späteren Bildungsergebnisse von Kindern aus Arbeiterfamilien und von Kindern mit Eltern aus einem anderen kulturellen und sprachlichen Umfeld in besonderer Weise von der vorschulischen Förderung abhängen. Wo diese gelingt, wie etwa in Finnland, Schweden oder Kanada, unterscheiden sich die kognitiven Fähigkeiten von Kindern aus Arbeiterfamilien kaum von den Fähigkeiten ihrer Altersgenossen mit akademischem Familienhintergrund.

In Schweden werden die Kinder von Arbeitern fast genauso häufig Akademiker wie die Kinder von Akademikern. Dies überrascht zunächst, weil doch denkbar wäre, dass beispielsweise die Kinder von Ärzten über eine höhere genetische Intelligenz als die Arbeiterkinder verfügten. Weil niemand die Intelligenzunterschiede zwischen Ärzten und Arbeitern leugnen kann, geht man davon aus, dass auch die Kinder der Ärzte im Durchschnitt intelligenter sind. Dies erscheint zunächst plausibel, ist aber falsch.

Zwar ist ein Teil der Intelligenz eines jeden einzelnen Menschen erblich, aber Intelligenz vererbt sich nicht wie ein einzelnes Merkmal von den Eltern auf die Kinder, sondern eher wie ein Bündel von Intelligenzmöglichkeiten. Deshalb sind bei gleicher Förderung die Kinder der Arbeiter im Durchschnitt nicht dümmer als die Kinder der Akademiker, obwohl es von Kind zu Kind natürlich sehr große genetische Unterschiede gibt.[21] Das erklärt, weshalb in den skandinavischen Ländern grundsätzlich die Kinder der Akademiker nicht wesentlich häufiger studieren als die Kinder aus Arbeiterfamilien. Werden die Kinder der Arbeiter aber schlechter gefördert als die Kinder der Akademiker, zeigen sich bereits zum Zeitpunkt der Einschulung sehr große Unterschiede. Das ist die Situation in Deutschland.

Weil in Deutschland ein gutes Angebot des Staates für die gezielte Förderung benachteiligter Kinder fehlt, hängt alles davon ab, was die Eltern den Kindern bieten können. Dabei geht es nicht nur um privaten frühen Förderunterricht in guten Kindertagesstätten oder privaten Kindergärten, sondern mehr noch um den Einfluss der Eltern selber. Je besser etwa die sprachlichen Fähigkeiten der Eltern sind, je ausgiebiger sie sich differenziert mit dem Kind unterhalten, je mehr sie ihm erklären, desto besser steht es um die Lernfähigkeit des Kindes, wenn es in die Schule kommt. All dies können Eltern aus bildungsfernen Schichten nicht bieten. Hier sind staatliche oder private Einrichtungen gefragt.

Die eigentliche Vererbung der Leistungsunterschiede zwischen den Klassen in Deutschland wird daher nicht von den Genen der Eltern getragen, sondern von den Eltern selbst. Es kommt darauf an, ob und wie weit sie ihre Kinder fördern können und wollen. In dem Ausmaß, in dem der Staat diese klassenbezogenen Unterschiede in der Förderung akzeptiert oder sogar seinerseits befördert, ist er ein Zweiklassenstaat, und in diesem Sinne ist Deutschland im Bildungsbereich ein klassischer Zweiklassenstaat.

Wie kaum ein anderes Land lässt Deutschland es zu, dass sich die Bildungschancen der Kinder abhängig von ihrer Herkunft so stark auseinanderentwickeln, dass die Unterschiede schon im Alter von sechs Jahren nicht mehr ausgeglichen werden können. Das ist in Schweden anders. Hier schneiden Kinder, die bereits mit einem Jahr in guten Kindertagesstätten versorgt werden, unabhängig von der sozialen Schicht in allen Schulfächern besser ab als vergleichbare Kinder, die zu Hause betreut werden oder später in den Kindergarten kommen.

Verteidiger unseres Systems weisen diesen Vorwurf zurück,

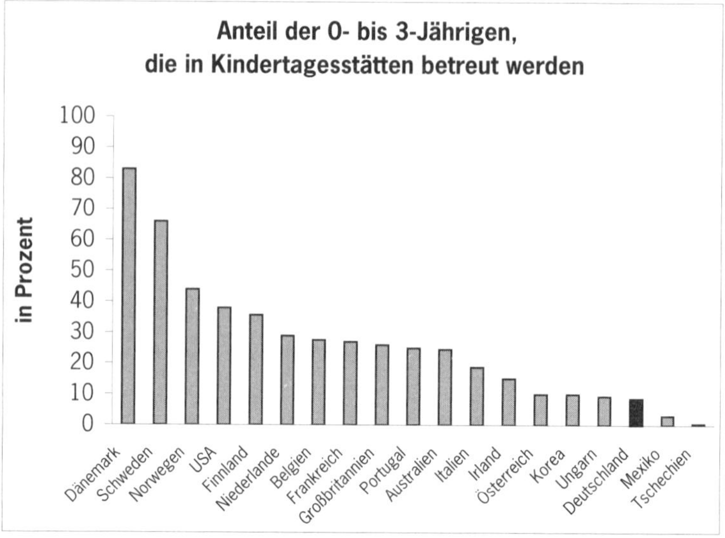

Abb. 3: Quelle: OECD: «Starting Strong II», 2006 (Bezugsjahr 2004), S. 86

da es eben nicht der Staat sei, der die Kinder vernachlässige, sondern die Eltern selbst. Da taucht das Klischee der Hartz-IV-Empfängerin auf, die mit der Chipstüte in der Hand vor dem Fernseher hockt und das schreiende Kind ignoriert. Von Mangel an Verantwortung ist die Rede. Aber das kann nicht davon ablenken, dass der Staat die Aufgabe hat, das vernachlässigte Kind zu schützen und zu fördern, egal, was die Mutter (oder der Vater) denkt oder will. Wahrscheinlich haben die Eltern keine Ahnung, wie stark sie ihrem Kind gerade schaden. Vielleicht sind sie selbst bereits Opfer des gleichen Systems gewesen. Vielleicht ist es ihnen tatsächlich egal.

Für die Zukunft des Kindes spielt all dies keine Rolle. Auch wenn sich sicherlich nicht jeder Nachteil ausgleichen lässt, steht doch fest, dass sein Schaden durch eine gute Ganztagskindertagesstätte und eine Ganztagsvorschule von hoher Qualität begrenzt werden kann. Für das betroffene Kind macht es keinen

Unterschied, aus welchem Grund die Eltern nicht mehr bieten – für die Zukunft unserer Gesellschaft genauso wenig. Die Defizite in der Leistungsfähigkeit und Leistungsbereitschaft des Kindes können, wenn überhaupt, dann nur durch gezielte Förderung und positivere Bildungserfahrungen als die mit den eigenen Eltern gemachten zumindest teilweise ausgeglichen werden.

Die Ganztagsvorschule auf hohem Niveau müsste daher Pflicht sein. Zudem müsste sie für alle kostenlos angeboten werden, weil sie sonst von genau den Kindern nicht genutzt würde, die sie am nötigsten haben. Sie wäre das zentrale Instrument, um die gigantischen Bildungsverluste zu vermeiden, die unser System in jeder weiteren Stufe produziert. Sie wäre eine notwendige Bedingung, den Zweiklassenstaat im Bildungsbereich zu durchbrechen. Ohne eine solche Vorschule, die der Benachteiligung von Kindern aus bildungsfernen Milieus bereits früh und gezielt entgegenwirkt, werden die Bildungsergebnisse immer von der Herkunft abhängen, und ein großer Teil der Talente unseres Landes wird verschüttet bleiben.

Die Zementierung der Herkunftsnachteile durch die Schule

Wenn die Kinder aus Arbeiterfamilien, Armutsfamilien oder mit Migrantenhintergrund ins schulfähige Alter kommen, weisen sie in der Regel schon erhebliche Entwicklungsdefizite auf. Unabhängig davon traut ihnen ihr Umfeld aber auch weniger zu als Kindern aus wohlhabenden Familien. Wie sonst wäre es zu erklären, dass fast die Hälfte der sozial auffälligen Kinder aus armen Familien nicht regulär eingeschult, sondern ein Jahr zurückgestellt wird, wohingegen das nur bei dreißig Prozent der sozial auffälligen Kinder aus gutsituierten Familien der Fall ist? Selbst 22 Prozent der «normalen» Kinder aus armen Familien werden verspätet eingeschult, während dies nur bei 9 Prozent der Kinder aus wohlhabenden Familien geschieht.[22]

Die Grundschule schreibt die ungleichen Chancen der Kindergartenzeit für Kinder aus nicht privilegierten Familien im vollen Umfang fort. Weil der Unterricht nur halbtags angeboten wird, sind all die Kinder im Nachteil, deren Eltern ihnen am Nachmittag nicht bei den Hausaufgaben helfen oder keine fremde Hilfe dafür bezahlen können. Immerhin erhält in Deutschland jeder siebte Schüler regelmäßig private Nachhilfe. In Ländern wie Finnland oder Schweden, wo schwache Kinder nachmittags im Rahmen der Schule gefördert werden, bekommt nur jeder fünfzigste Schüler privaten Nachhilfeunterricht.[23]

Die Kinder aus den «Problemfamilien» finden sich außerdem meistens in Schulen wieder, in denen viele oder gar ausschließlich Kinder aus anderen Problemfamilien lernen. Dies beeinträchtigt das Lernen aller erheblich. Es potenzieren sich die Probleme, da die Lehrer mit der Ballung der Problemkinder überfordert sind und daher jedes einzelne Kind zu kurz kommt. Das Lerntempo verlangsamt sich, die begabten Kinder sind unterfordert, und die weniger begabten Kinder erhalten wegen der vielen Leidensgenossen nicht die benötigte Förderung.

Für die Kinder aus bereits privilegierten Familien potenzieren sich hingegen die Vorteile, weil sie sich gemeinsam in Schulen wiederfinden, die von den Stärksten besucht werden. Sie lernen in einer Atmosphäre, die sowohl von den Kindern als auch von den Lehrern und Eltern als angenehm empfunden wird. In der Regel sind hier alle motivierter, es gibt weniger sprachliche und soziale Probleme und deutlich weniger Gewalt. Nun können die im Vorschulalter von den Eltern vermittelten Startvorteile voll genutzt werden, während für die bereits angeschlagenen Kinder neue Probleme auftauchen. Wie im Kindergarten gilt: Auch nachmittags fängt die Schule die Kinder nicht auf, deren Eltern ihnen nichts bieten können. Dann erleben diese Kinder in ihren problematischen Elternhäusern die alten Rückschläge.

So verstärkt die deutsche Schule die Unterschiede aus der Vorschulzeit. Sie hilft, den Vorsprung der Gewinner der natürlichen und sozialen Lotterie auszubauen. Die erste wichtige Bilanz wird dann am Ende der Grundschule gezogen. Das ist der Zeitpunkt, an dem neunzig Prozent der Chancen im Leben eines Menschen schon verteilt sind. Erwartungsgemäß gelingt nur einer Minderheit der Kinder aus problematischen Familien der Wechsel auf das Gymnasium.

Den Kindern aus Problemfamilien mag diese Entscheidung sogar gerecht erscheinen, da sie mittlerweile tatsächlich meistens so stark hinter ihren Möglichkeiten zurückliegen, dass sie für das Gymnasium nicht mehr geeignet wären. Der Übergang auf die weiterführende Schule macht es offiziell: Mit der Empfehlung für die Hauptschule sind sie bis zum Beweis des Gegenteils als Verlierer dieser Gesellschaft abgestempelt. Sie hatten nie eine realistische Chance, hatten schon verloren, bevor sie zu kämpfen gelernt hatten.

Sogar diejenigen, die trotz aller Nachteile gut genug wären, ein Gymnasium zu besuchen, landen häufig auf den Hauptschulen oder den Realschulen. Denn ungerechterweise werden Kinder aus Arbeiterfamilien mit gleicher Befähigung deutlich häufiger auf eine Hauptschule geschickt als Kinder aus Akademikerfamilien. Obwohl die Zahlen in den einzelnen Bundesländern variieren, lässt sich für ganz Deutschland feststellen, dass die soziale Herkunft hier entscheidenden Einfluss hat. So ist der Besuch des Gymnasiums für ein Kind des einkommensstärksten Viertels der Bevölkerung fast sechsmal so wahrscheinlich wie für ein Kind des einkommensschwächsten Viertels – bei nachgewiesener gleicher Leistung![24]

Die Kinder werden sowohl von den eigenen Eltern als auch von den Lehrern im Stich gelassen. Die Lehrer schätzen Kinder aus Arbeiterfamilien systematisch schlechter ein, sie trauen ihnen offenbar wegen ihrer schwächeren sozialen Herkunft weniger zu. Die Eltern aus bildungsfernen Schichten können den Wert der Bildung für ihre Kinder oft nicht richtig einordnen und unterschätzen möglicherweise selbst die Talente ihrer Kinder. Somit bleibt ein nicht unerheblicher Teil derer, die trotz aller Nachteile einen guten Grundschulabschluss geschafft haben, zum Schluss doch noch zurück und wechselt nicht auf die höhere Schule.

Dies ist ein besonders großes Unrecht und benachteiligt die betroffenen Kinder meist für den Rest ihres Lebens. Die Chancen, die sie sich härter als alle anderen, weil gegen alle Widerstände erkämpft haben, werden verweigert. Selbstverständlich kann der eine oder andere seine Zurücksetzung später durch glückliche Umstände, noch nicht verschüttete Talente oder besonderen Fleiß ausgleichen. Das sind aber rare Ausnahmen.

Nur 0,3 Prozent der Jugendlichen in den Jahrgangsstufen sieben bis neun, die einmal die Hauptschule besuchen, wechseln auf ein Gymnasium.[25] Viel höher ist hingegen die Zahl derer, die nach unten abrutschen. Aber auch hier sind es größtenteils die Kinder aus schwächeren Familien, die nachgeben müssen. Denn bei Überforderung im Gymnasium werden ihre Probleme nicht durch Nachhilfe oder Hilfe der Eltern aufgefangen.

Das deutsche Schulsystem arbeitet wie eine sich selbst erfüllende Prophezeiung: Begabte Kinder aus bildungsfernen Milieus büßen durch die mangelnde Förderung einen immer größeren Anteil ihrer Möglichkeiten ein, während die weniger begabten Kinder gebildeter Eltern durch Förderung auf den besseren Schulen ihre Defizite ausgleichen. Am Ende bleibt von den Möglichkeiten des begabten, aber aus unvorteilhaftem Elternhaus stammenden Kindes nicht viel übrig, und es kann froh sein, einen Ausbildungsplatz zu bekommen, auch wenn es bei optimaler Förderung für ein geistes- oder naturwissenschaftliches Studium gereicht hätte.

Die Hauptschulen sind der Ort, an dem die Kinder aus benachteiligten Familien für den Rest ihres Lebens als Verlierer dieser Gesellschaft gebrandmarkt werden. Dabei ist es unerheblich, ob Hauptschulen in Bayern besser aufgestellt sind als in Bremen oder Berlin. Sucht ein Hauptschüler aus Bayern in Berlin eine Arbeitsstelle, wird er immer noch als Hauptschüler eingeordnet. In der Regel ist das objektive Lernniveau in den Hauptschulen so niedrig, dass es unter dem durchschnittlichen Lernniveau fast aller an der PISA-Studie beteiligten Länder liegt.

Viele Absolventen der deutschen Hauptschulen verfügen nicht über die elementaren Kenntnisse in Mathematik oder der deutschen Sprache. Schon vor zehn Jahren war nur jeder vierte Bewerber um eine Lehre auch in der Lage, diese zu Ende zu bringen.[26]

Die Hauptschule ist das Sammelbecken der Kinder mit familiären, sprachlichen, kulturellen und kognitiven Problemen und überfordert damit Schüler und Lehrer gleichzeitig. Die ungenügende Leistung der Hauptschule würde bereits reichen, ihre Abschaffung zu begründen. Aber sie stigmatisiert auch noch ihre Absolventen. Subjektiv bedeutet ihr Abschluss das Attest der Drittklassigkeit. Er besagt zunächst einmal, dass es für das Gymnasium oder die Realschule nicht gereicht hat. Dass dies auf eine falsche Einschätzung der Lehrer oder der Eltern zurückzuführen sein könnte oder nur die Nachteile vor Beginn der Schule reflektiert, interessiert in unserer Gesellschaft niemanden. Hauptschulabsolventen haben ein Stigma, von dem sie sich in der Regel nie mehr erholen.

Die Hauptschule muss ganz weg. Kein Politiker würde seine eigenen Kinder dort unterrichten lassen. Vielmehr würde jeder alles daransetzen, seine Kinder auf einer höherwertigen Schule unterzubringen, unabhängig davon, was das Kind zu leisten vermag.

Kinder lernen auf der Hauptschule, dass sie Verlierer sind.

Es ist zynisch, wenn man ihnen vorwirft, Hartz IV als Berufswunsch anzugeben – dabei schätzen sie doch nur ihre Möglichkeiten realistisch ein und haben nie gelernt, dass es sich lohnt, für Ziele zu arbeiten. Weder ihre eigenen Eltern noch die Mitschüler, am wenigsten das Umfeld der Hauptschule selbst, oft geprägt durch Verrohung und Gewalt, haben Zeugnis davon abgelegt, dass man durch Leistung in der Gesellschaft etwas erreichen kann oder dass Lernen Spaß macht. In der Phase, in der sie das Lernen lernen konnten, wurden sie im Stich gelassen. Jetzt sind sie Opfer und werden von der Gesellschaft angeklagt.

Das größte ungenutzte Potential sind die Kinder der Migranten

Die Kinder der meisten Migranten werden von unserem Zweiklassen-Bildungssystem, welches Kinder aus privilegierten Familien fördert und die anderen systematisch schwächt, besonders benachteiligt. Mittlerweile erhält nur noch jeder Vierte (!) von ihnen einen Ausbildungsplatz – mit sinkender Tendenz. Sie kommen oft aus Familien, in denen sich die Nachteile bündeln: Die Eltern sind an Bildung und auch der Bildung ihrer eigenen Kinder nicht interessiert, sie sind arm, haben große soziale Probleme und zusätzlich Sprachschwierigkeiten.

Wer denkt, dass vor allem die Zweisprachigkeit ein Hindernis darstellt, liegt falsch. Wie zum Beispiel Studien in zweisprachigen Teilen Kanadas gezeigt haben, fördert das Aufwachsen in Zweisprachigkeit die Intelligenz eines Kindes dauerhaft. Zweisprachigkeit führt dazu, dass die Nervenverbindungen im Gehirn so geschlossen werden, dass ein größerer Teil der Hirnzellen genutzt werden kann. Hier liegt wahrscheinlich der Grund dafür, dass Menschen, die täglich zwei Sprachen anwenden, nach einer aktuellen kanadischen Studie die Symptome einer Demenz durchschnittlich etwa vier Jahr später entwickeln.[27]

Es wird sogar vermutet, dass Kinder, die neben Hochdeutsch noch Dialekt sprechen, intelligenter sind als Kinder, die nur Hochdeutsch können, weil die Mundart wie eine Fremdsprache auf das Gehirn wirkt. Zumindest zeigt sich, dass zwei- oder dreisprachig aufwachsende Kinder bei guter Förderung Vorteile im Vergleich zu einsprachigen Kindern haben, keine Nachteile. Voraussetzung ist natürlich, dass sie beide Sprachen ausreichend gut beherrschen.

In Deutschland lebende Migrantenkinder beherrschen aber oft gar keine Sprache richtig. Besonders Türken sind benachteiligt. Zu Hause lernen sie kein richtiges Türkisch, weil viele Eltern mit der Hochsprache und Grammatik nicht vertraut sind. Und ihr Deutsch ist in der Regel miserabel, da sie es meist auf der Straße aufschnappen, wo es bruchstückhaft gesprochen wird.

Eine einzige Fahrt mit der Berliner U-Bahn durch Kreuzberg reicht aus, das Sprachgehabe türkischer Grundschüler bedauern zu lernen. Man muss es bedauern, weil schon jetzt klar ist, dass daraus oft kein brauchbares Deutsch mehr entsteht und diese Kinder niemals einen Beruf ergreifen können, der sprachliche Fähigkeiten voraussetzt. Man muss es aber auch fürchten, weil es kulturell geprägte Einstellungen zeigt, die mit einem respektvollen Umgang mit anderen Kulturen, von Männern und Frauen, Jung und Alt oft nicht in Einklang gebracht werden können.

Neunjährige, die von Frauen als «Schlampen» oder noch abfälliger sprechen, will niemand in der Klasse der eigenen zehnjährigen Tochter sehen. Diese Kinder, selbst Opfer, eignen sich daher ideal für die Anklage als Täter. Mit zehn Jahren erscheinen sie bereits verroht, sprechen kein ordentliches Deutsch, fallen durch jeden Schultest durch und wirken häufig nicht integrierbar oder förderungswürdig. Dabei hätte alles ganz anders kommen können.

Das US-amerikanische Bildungssystem kann kein Vorbild für Deutschland sein, aber bei der Förderung von Kindern aus Migrantenfamilien zeigt es uns Möglichkeiten auf. Durch standardisierte Intelligenztests werden dort alle Kinder frühzeitig untersucht, die begabten von ihnen mit Stipendien auf die besten Ganztagsschulen geschickt und dadurch ihrem oft leistungsfeindlichen und gewalttätigen Milieu weitgehend entzogen. Die Fördermittel der Schulen gerade in armen Gegenden hängen davon ab, wie viele begabte Kinder sie auf diese Weise entdecken und weitervermitteln.

So erreichen Migrantenkinder in den Vereinigten Staaten oft bessere Bildungsergebnisse als der Durchschnitt der Kinder amerikanischer Eltern. Ohne Migrantenkinder aus den asiatischen Ländern könnten Einrichtungen wie das renommierte Massachusetts Institute of Technology (MIT) in Boston, die beste naturwissenschaftliche Universität in den Vereinigten Staaten und wahrscheinlich weltweit, dichtmachen. Auch im europäischen Vergleich schneidet Deutschland schlecht ab. In Deutschland sind die Bildungs- und sozioökonomischen Statusunterschiede am größten, und es ist das einzige Land, in dem sich die PISA-Ergebnisse von der ersten zur zweiten Immigrantengeneration noch verschlechterten.[28]

Unser Bildungssystem bringt das Schlechteste in Migrantenkindern hervor. Als die PISA-Studie 2000 ihre Lesekompetenz testete, lag die der fünfzehnjährigen Kinder ausländischer Eltern –79,8 Punkte unter dem Landesmittelwert. In Schweden waren es –57,2, in Frankreich –55,5. In den traditionellen Einwanderungsländern USA und Australien war der Unterschied mit –35,5 beziehungsweise –3,6 deutlich geringer. In Kanada schnitt dieser Teil der Bevölkerung sogar besser als der Durchschnitt aller Gleichaltrigen ab (+2,2).[29] Es fehlt an frühzeitiger

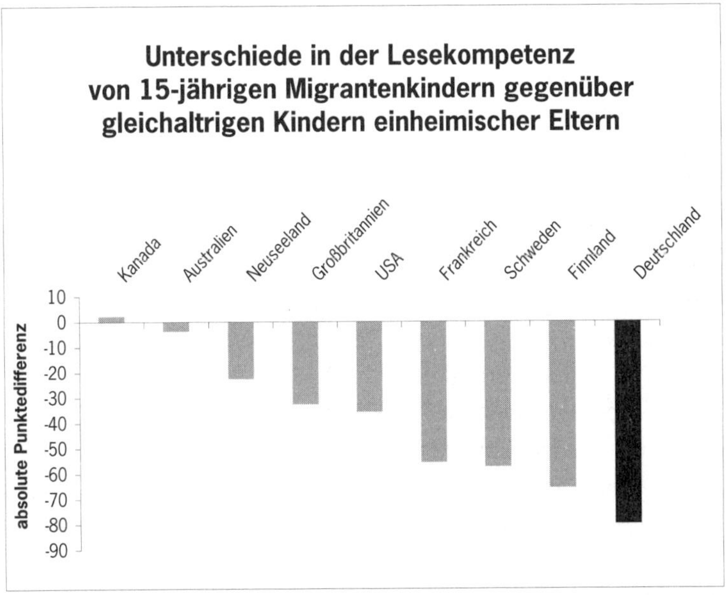

Quelle: Entorf, H., u. Minoiu, N. (2005): «What a difference immigration policy makes». German Economic Review 6(3): 335–376

Abb. 4: Migrantenkinder in Deutschland weisen den größten Rückstand beim Lesen gegenüber gleichaltrigen Schülern einheimischer Eltern aus.

sprachlicher Förderung, die sich positiv auf die spätere Leistungsbereitschaft der Migrantenkinder auswirken und sicherstellen würde, dass sie in der Schule nicht von der ersten Stunde an abgehängt werden.[30]

Und es fehlt an ganztätigen Angeboten, in denen die Kinder das Lernen und nicht die Gesetze der Straße lernen. Diese Kinder benötigen eine Gegenwelt zu ihrer mit Armut, Gewalt und sozialer Not durchsetzten häuslichen Umgebung, wo sie ihre Talente entfalten und eine respektvolle Art des Umgangs miteinander einüben können. Erführen sie, dass sich die Gesellschaft für sie interessiert und ihnen etwas anbietet, könnten sie integriert werden.

Ohne eine solche Förderung und Einbindung sind diese Kinder später ein Sprengsatz für das gesamte Land. Da sie der Rest der Gesellschaft nicht in der Klasse der eigenen Kinder haben will, werden sie auf die Haupt- und Sonderschulen abgeschoben, wo sie für Niedriglohn und Arbeitslosigkeit lernen. Frustriert, ohne Abschluss, ohne Ausbildung und abhängig von unserem Sozialstaat, den sie gleichzeitig hassen und für ihr Überleben brauchen, werden sie eine potentielle Bedrohung für unsere Gesellschaft. Sie verachten das Land, in dem sie leben, sind aber ohne Alternative.

Gastarbeiter haben Deutschland meist verehrt und hätten in ihr Land zurückkehren können. Kinder mit Migrationshintergrund beginnen ihre Karriere als Opfer dieser Gesellschaft und enden oft genug als Täter, weil sie ohne Perspektive ausgegrenzt sind und sich auf andere Art und Weise die Achtung ihrer Umwelt erkämpfen wollen. «Zurückkehren» kommt für sie nicht in Frage, denn Deutschland ist trotz allem ihre Heimat.

Nur ein Zwang zur Sprachförderung und zur ganztägigen Vorschule bei einer gleichzeitigen völligen Abschaffung aller Hauptschulen kann überhaupt die Voraussetzungen für die Integration der Migrantenkinder leisten. Dies wird aber in den meisten Bundesländern nicht einmal diskutiert.

Wer profitiert vom Versagen unseres Bildungssystems?

Obgleich unser Bildungssystem die Gesellschaft insgesamt und ganze Kohorten von Kindern zu Verlierern macht, gibt es auch Gewinner, denen es lebenslange Privilegien sichert. 84 Prozent der Akademiker können damit rechnen, dass ihre eigenen Kinder das Gymnasium besuchen und zum überwiegenden Teil auch studieren werden. Besonders die Beamten können sich glücklich schätzen, denn die Wahrscheinlichkeit, dass ihre Kinder ein

Studium aufnehmen, war im Jahr 2000 zwanzigmal so hoch wie die entsprechende Chance für Arbeiterkinder – zehn Jahre davor war sie noch neunmal so hoch gewesen.[31] Hingegen dürfen nur 36 Prozent der Kinder aus bildungsfernem Elternhaus weiterführende Schulen besuchen, und kaum mehr als eines von zehn dieser Kinder erlangt die Hochschulreife. Eine aktuelle Studie zeigt, dass in Deutschland, bezogen auf den Anteil der Arbeiter an der gesamten Bevölkerung, ein deutlich geringerer Anteil der Studierenden aus Arbeiterfamilien kommt als in Frankreich, Österreich, den Niederlanden, Finnland und Irland.[32] Das ist Ausdruck einer Chancenungleichheit im Zugang zur Hochschulbildung, die als skandalös bezeichnet werden muss.

Mit dieser frühen Absicherung von Privilegien für die Kinder gebildeter Eltern wird bereits im Alter von zehn Jahren das soziale Vermögen vererbt. Die Eltern der Gewinnerkinder profitieren in vielfacher Hinsicht. Ihren Kindern werden die Problemkinder, die diese Gesellschaft gerade selbst produziert hat, zu einem großen Teil im Umfeld der Schule erspart. Die eigenen Kinder können selbst bei mäßiger Intelligenz eine sichere Zukunft erwarten, weil die möglichen Konkurrenten aus sozial niedrig stehenden Familien mittlerweile so stark benachteiligt sind, dass sie nicht mehr ernsthaft um Studien- oder gute Ausbildungsplätze konkurrieren können. Den Rest erledigt die Hauptschule in ihrer Funktion der Vernachlässigung, Verrohung und Stigmatisierung der Kinder der anderen.

Daher sind es gerade die Elternverbände der Gymnasiasten und Realschüler, die sich gegen die Auflösung der Hauptschulen und die Schaffung von Gemeinschaftsschulen wehren. Sie befürchten, dass die Probleme dieser Schulform auf die Schulen der eigenen Kinder übergreifen. Das Leistungsniveau könnte sinken, die Gewalt dafür zunehmen, und die Kinder würden zu früh mit der Perspektive der Verlierer und Ausgestoßenen konfrontiert.[33]

Unterstützt werden diese Eltern von den Verbänden der Gymnasiallehrer.[34] Man zeigt den Problemkindern also die kalte Schulter. Die Motivation der Eltern hat vor allem drei Gründe. Erstens fürchten sie um den schulischen Erfolg des eigenen Kindes. Zweitens wissen sie zu wenig über die entscheidende Bedeutung einer frühen Förderung von Kindern. Und drittens haben sie den moralisch wenig noblen Wunsch, den eigenen Kindern Vorteile auf Kosten anderer Kinder zu sichern.

Noch viel verwerflicher ist der Kampf der Privilegierten gegen kostenlose Ganztagskindertagesstätten und Vorschulen oder gegen das kostenlose erste Jahr im Kindergarten. Indirekt geht es darum, dass diese Eltern wissen, dass ihre eigenen Kinder im Umfeld der Familie und durch die privaten Angebote, die beigefüttert werden können, all diese Förderung nicht unbedingt benötigen, wobei viele allerdings den Einfluss einer gezielten Förderung auch der eigenen Kinder durch Dritte unterschätzen. Sie liegen aber richtig in der Annahme, dass die Vorteile der eigenen Kinder niemals größer sein können als unter der Voraussetzung, dass sich nichts ändert. Aus diesem Grund und weil sie die gesamtgesellschaftlichen Folgekosten ausblenden, stützen sie ein Bildungssystem, welches langfristig unser Land ruinieren wird.

Den Eltern ist dabei insofern ein Vorwurf zu machen, als sie zwar lediglich das Beste für ihre eigenen Kinder wollen, aber wissen, dass dies zulasten anderer Kinder geht. Der Staat jedoch ist dem Allgemeinwohl verpflichtet und trägt Verantwortung für jedes seiner Kinder. Er darf die Starken nicht vor der Konkurrenz der Schwachen schützen, sondern muss in besonderer Weise die Rechte der Schwächsten verteidigen.

Dies gilt für keinen Bereich so sehr wie für das Schulsystem. Es ist moralisch inakzeptabel und zeugt von mangelnder politischer Weitsicht, wenn sich der Staat für den Erhalt des hier bestehenden Zweiklassensystems starkmacht. Denn gleiche Bildungschancen und eine gleiche Gesundheitsversorgung für alle sind neben dem Schutz vor direkter Diskriminierung die beiden wichtigsten Funktionen des Staates in der Wahrung der Chancengleichheit. Das ist eines der Kernelemente der europäischen Aufklärung.

Der in der Tradition Immanuel Kants arbeitende amerikanische Sozialphilosoph John Rawls hat in seiner «Theorie der Gerechtigkeit» aus dem Jahr 1971, einem der wichtigsten Werke der politischen Philosophie in der zweiten Hälfte des letzten Jahrhunderts, die zentrale Bedeutung der Chancengleichheit für eine gerechte Gesellschaft herausgearbeitet. Für Rawls steht fest, dass jede Einkommensverteilung in einer Gesellschaft, die die Folge einer ungerechten Verteilung von Chancen ist, ebenfalls als ungerecht gelten muss. Dabei handelt es sich nicht allein um theoretische Überlegungen. Vielmehr leitet Rawls seine Überzeugungen von dem in modernen Gesellschaften vorherrschenden intuitiven Rechtsempfinden ab. Gerechtigkeit und Chancengleichheit seien eben keine abstrakten Werte, sondern tiefempfundene Bedürfnisse, die unserem täglichen Bewerten und Urteilen zugrunde lägen.

Dass Chancengleichheit in der Bildung Merkmal eines gerechten Staates ist, wird auch in der deutschen Öffentlichkeit nicht bestritten. Niemand verteidigt hier ein Zweiklassen-Bildungssystem. Im Gegenteil: Die meisten bestreiten seine Existenz. Die Reformverhinderer und Privilegienverteidiger rechtfertigen das System mit sozial akzeptierten Lieblingsfiktionen wie «Akademikerkinder sind begabter», «Ausländerkinder sind nicht integrierbar», «Schuld haben die an Bildung uninteressierten Eltern» und «das System ist so schlecht gar nicht».

Ganz besonders enttäuschend, ja oft erschütternd, sind dabei die Einlassungen von Eltern, die im Rahmen der Bildungsexpansion unter Bundeskanzler Willy Brandt die ersten ihrer Familien gewesen sind, die den Aufstieg in die Mittelschicht geschafft haben. Ihnen fehlt offenbar die Sicherheit, die privilegierten Familien in der fünften Generation eigen ist, deren Kinder es noch immer zu etwas gebracht haben. Sie verteidigen oft ein System, in dem sie heute selbst den Aufstieg nicht mehr schaffen könnten. Denn Willensstärke und Talent reichen nicht, wenn die Herkunft die schulische Laufbahn vorherbestimmt.

Das ist bei uns jetzt zu oft der Fall. Und deshalb muss der Staat schon aus moralischen Gründen alles tun, um Chancengleichheit für alle zu gewährleisten. Entsteht der Eindruck bei den Benachteiligten, dass ihm daran nicht wirklich gelegen ist, verliert der Staat dort seine Akzeptanz mit langfristig unkalkulierbaren Folgen.

Was passiert, wenn nichts passiert

Genauso groß wie das moralische Versagen ist das politische Versagen, wenn es nicht zur Gleichheit der Bildungschancen kommt. Seit 1964 ist der Pool der Talente in Deutschland pro Jahr auf ein Viertel geschrumpft. Die Kinder der Arbeiter, Arbeitslosen und Migranten aus bildungsfernen Milieus erreichen ihr volles Potential nicht. Auch die Kinder der Mittelschicht werden durch die fehlende Vorschule und die unterfinanzierten und veralteten Schulkonzepte der Grundschulen und der Sekundarstufe I nicht voll gefördert.

Immer wieder pflichten sich Politiker aller Parteien gegenseitig bei, dass Kinder und deren kluge Köpfe unser wichtigster Rohstoff sind. Mit der Öffnung der Kapitalmärkte im Rahmen der Globalisierung wächst der Wert dieses Rohstoffs stetig, während der Wert des Rohstoffs körperliche Arbeit unaufhaltsam an Wert verliert. Wenn wir international mithalten wollen, brauchen wir in Zukunft mehr gut ausgebildete Akademiker. Doch unser Bildungssystem arbeitet so, als ob es umgekehrt wäre: als ob wir weniger Wissenschaftler, weniger Ingenieure, weniger Ärzte, weniger Wirtschaftsfachleute und mehr Handwerker oder gar Fabrikarbeiter benötigten.

Auch von außen werden die fehlenden Hochqualifizierten nicht kommen - die Hoffnung auf einen Exzellenzboom, wie ihn die USA durch Zuwanderung generieren, ist in Deutschland völlig illusorisch. Das schlechte Abschneiden unserer Schulen sowie insbesondere der Migrantenkinder kann keinen begabten Ausländer davon überzeugen, dass Deutschland ihm und seinen Kindern die besten Zukunftschancen bietet.

Das Ausscheiden der Babyboomer-Generation aus dem Beruf wird einen Wendepunkt für Deutschland markieren. Heute ist die Zeit, in der die glückliche Übereinkunft einer besonders großen Geburtskohorte mit einem besonders breiten Zugang zum Bildungssystem ihre maximale Rendite abgibt. Bald ist es damit vorbei, und dann muss für beides bezahlt werden, den fehlenden Nachwuchs in den folgenden Generationen und das Wiederverschließen der Tore des Bildungssystems. Dann müssen wir sowohl die hohen sozialen Kosten der Alterung der Babyboomer stemmen als auch die Kosten in Milliardenhöhe, die durch das Versagen des Bildungssystems produziert werden.

Deutschland wird im Bereich der Industrieproduktion seine im internationalen Vergleich hohen Lohnkosten nur auf die Produkte umlegen können, wenn die Produktivität stärker als in anderen Ländern steigt. Dies ist die Aufgabe der Wissenschaftler und Ingenieure von morgen. Die Lücke zwischen Angebot und Nachfrage wird in diesem Bereich aber immer größer.

Die zu Beginn dieses Kapitels im Gespräch mit dem Kanzler der Kölner Universität aufgeführten Probleme des deutschen Universitätssystems kommen noch hinzu und würden ein eigenes Buch füllen. An dieser Stelle sei nur gesagt, dass wir derzeit in den Bereichen Medizin, Pharmazie, Biotechnologie, Wirtschaftswissenschaften und Computertechnologie zurückfallen. Hier machen sich die ersten Nachwuchsprobleme bereits bemerkbar. Selbst bei meinen eigenen Studenten der Gesundheitsökonomie, die immerhin Abiturnoten zwischen 1,0 und 2,0 vorweisen und damit zu den Besten ihres Jahrgangs gehören, sind deutliche Unterschiede im Vergleich zu notengleichen Studienanfängern der achtziger Jahre zu bemerken.

Wenn nichts passiert, werden wir das Wohlstandsniveau von heute nicht halten können und in einer Gesellschaft leben, die ärmer sein und von den Verlierern abgelehnt werden wird. Noch können wir uns die relativ hohen Zahlungen leisten, mit denen wir die Langzeitarbeitslosen, Unterbeschäftigten und von dieser Gesellschaft Enttäuschten entschädigen. Wenn uns das nicht mehr gelingt, weil die Erwerbstätigen – ohne Aussicht auf ähnliche Zuwendungen im Alter – die Zahlungen für andere nicht mehr übernehmen wollen oder sich die dafür notwendigen hohen Löhne im produzierenden Gewerbe nicht mehr am Markt durchsetzen lassen, wird auch schnell die Unzufriedenheit mit dem demokratischen System insgesamt wachsen.

Ein Versagen der Chancengleichheit ist für eine Demokratie kein Kavaliersdelikt. Die Verlierer hassen die Gewinner, und die Gewinner sind keine wirklichen Gewinner, weil sie dauerhaft für die Verlierer bezahlen müssen. Zum Schluss gibt es nur gefühlte Verlierer.

Was müsste getan werden?

Einrichtung von mehr Kitaplätzen

Es müsste für alle Kinder ein Platz in einer Kindertagesstätte für eine ganztägige Betreuung ab dem zweiten Lebensjahr kostenlos zur Verfügung stehen. Die dort tätigen Erzieherinnen und Erzieher müssten neben fachlicher Qualifikation Sprachkenntnisse in den Sprachen der Kinder nachweisen können.

Einführung der ganztägigen Pflichtvorschule

Das deutsche System des «Kindergartens» müsste in eine ganztägige Vorschule ab dem dritten Lebensjahr umgewandelt werden. Der Besuch dieser Vorschule wäre Pflicht. Vorbild könnte die französische École maternelle sein oder aber die Vorschulkonzepte in den skandinavischen Ländern. Akademisch ausgebildete Erzieher und Erzieherinnen würden die Kinder mit wissenschaftlich gesicherten Konzepten auf die Schule vorbereiten. Private und öffentliche Vorschulträger könnten miteinander konkurrieren. In jedem Fall wäre das Angebot für alle Eltern kostenfrei.

Verpflichtende Sprachförderung

Alle Kinder erhielten Deutschunterricht, Kinder mit Sprachschwierigkeiten darüber hinaus eine spezielle Förderung. Es kann den anderen Kindern nicht zugemutet werden, dass Kinder ohne ausreichende Deutschkenntnisse den Unterricht praktisch zerstören. Die Eltern von Kindern ohne ausreichende Deutschkenntnisse haben kein Recht, ihren Kindern den Deutschunterricht zu verweigern.

Wegen der zentralen Bedeutung von Sprachfähigkeit für den schulischen Erfolg und damit für die Chancen des Kindes in der Gesellschaft ist es einer Kindesmisshandlung gleichzusetzen, wenn Eltern ihren eigenen Kindern diese Angebote vorenthalten, etwa um sie von der Kultur des Landes abzuschotten. Denn Kinder, die Sprachprobleme haben, entwickeln mittelfristig auch Probleme in allen anderen schulischen Bereichen, da die schulische Wissensvermittlung fast ausschließlich sprachlich stattfindet. Fünfzig Prozent der Kinder, die mit 24 Monaten noch nicht mehr als fünfzig Wörter sprechen («late talkers»), bekommen eine Sprachentwicklungsstörung.[35] Dazu kommen psychosoziale Probleme, ein niedrigeres Selbstwertgefühl und ein negatives Selbstbild.

Kinder mit Sprachproblemen und Migrationshintergrund sollten intensiv in Deutsch unterrichtet werden. Die Eltern sollten, wenn möglich, in den Unterricht mit einbezogen werden. Auch hier ist Finnland Vorreiter. Schon in der Vorschule erhalten die «Kinder mit anderer Muttersprache» zwanzig Stunden Unterricht pro Woche in finnischer Sprache. Zusätzlich sollte auch Unterricht in der Muttersprache angeboten werden. Damit hat man besonders in den Vereinigten Staaten gute Erfahrungen gemacht und die Bildungsergebnisse verbessert.[36]

Einführung der Ganztagsgrundschule

Die Grundschule sollte ebenfalls als Ganztagsschule angeboten werden. Nur so können Kinder aus Problemfamilien vor Nachteilen geschützt werden. Am Ende der Grundschulzeit sollte die Leistungsfähigkeit der Kinder so weit wie möglich objektiv bewertet werden. Dabei könnten, ähnlich wie in den Vereinigten Staaten, auch Tests eingesetzt werden. Sie sind oft die einzige Möglichkeit, frühe Begabungen auch von Kindern aus Problemfamilien zu entdecken und zu fördern. Tests bewirken daher mehr Gerechtigkeit in der Schule. Leider werden sie aus ideologischen Gründen in Deutschland oft genau von denjenigen abgelehnt, denen es um Gerechtigkeit in der Schule geht. Es sollten aber keine Empfehlungen für den Besuch unterschiedlicher Schultypen auf der Grundlage von Tests abgegeben, sondern nur die zu fördernden Stärken und zu kompensierenden Schwächen der Kinder identifiziert werden.

Abschaffung der Hauptschule

Die Hauptschule muss ganz verschwinden. Sie ist zum Symbol des Scheiterns geworden, sowohl für den einzelnen Schüler als auch für unser ganzes Bildungssystem. Daran ändert selbst die Tatsache nichts, dass in Bayern das messbare Niveau etwas höher ist – im Wesentlichen deshalb, weil der Anteil der Schüler eines Jahrgangs in dieser Schule größer ist und sich daher nicht nur aus Problemfamilien rekrutiert. Auch in bayerischen Hauptschulen werden Talente nicht gefördert, und der Anteil der Kinder aus Arbeiterfamilien, der studieren kann, ist in Bayern noch geringer.

Für die begabten Kinder aus benachteiligten Familien ist die Hauptschule die größte Gefahr. Solange es Hauptschulen gibt, müssen sie gefüllt werden. Es ist klar, dass dies nicht die Kinder der privilegierten Eltern besorgen müssen.

Aufgabe des dreigliedrigen Schulsystems zugunsten einer Gemeinschaftsschule nach skandinavischem Vorbild

Bis zur zehnten Klasse sollten alle Kinder eine gemeinschaftliche Schule besuchen, die mit Klassen unterschiedlicher Leistungsanforderungen die Kinder individuell fördert. Dabei scheinen die Gemeinschaftsschulen aus den skandinavischen Ländern nach wie vor das beste Vorbild zu bieten.

Nur in Gemeinschaftsschulen kann sichergestellt werden, dass alle Kinder gemäß ihren jeweiligen einzelnen Begabungen gefördert werden. Dieses System hat sich im Rahmen der PISA-Studie als überlegen erwiesen, weil es der Tatsache Rechnung trägt, dass Kinder oft nur in bestimmten Bereichen begabt sind und sich Begabungen der Kinder auch zeitlich sehr unterschiedlich entwickeln. Kinder, die ihre Begabungen spät entwickeln oder nur in einigen Bereichen begabt sind, werden darin in einer Hauptschule und zum Teil auch in einer Realschule nicht ausreichend gefördert.

Die individuelle Förderung von Teilbegabungen funktioniert in der Praxis nur in einem System qualitativ hochwertiger Gemeinschaftsschulen. Durch eine größere Durchlässigkeit des bestehenden Systems ist sie nicht zu erreichen. Schüler, die in ihrer Leistung von Jahr zu Jahr stark schwanken, können ebenfalls nicht ständig die Schule wechseln. In einer guten Gemeinschaftsschule könnten sie aber von anspruchsvolleren Fachklassen in weniger anspruchsvolle wechseln.

In Finnland hat man selbst schulinterne Formen von Abstufungen nach Lernniveaus verlassen. Im Grunde – so einer der Reformer, Jukka Sarjala – gäbe es immer so viele Niveaus und Lehrpläne wie Schüler in der Klasse. Fällt ein Schüler in einem oder zwei Fächern zurück, muss er nicht die Schule wechseln. Bei den dramatisch sinkenden Schülerzahlen sind differenzierte Angebote für alle Kinder ohne den Wechsel auf ein System «Das ganze Sortiment unter einem Dach» nicht realistisch vorzuhalten.[37]

Diese Gemeinschaftsschulen nach skandinavischem Vorbild dürfen nicht mit den bestehenden Gesamtschulen in Deutschland verwechselt werden. Bei den deutschen Gesamtschulen handelt es sich meist um drei Schulen unter einem Dach oder um eine Einheitsschule ohne differenzierte Angebote. Auch sammeln diese Schulen heute häufig Problemkinder mit einem der Hauptschule ähnlichen Profil. Vorbild können allenfalls funktionierende Gymnasien sein, denen es gelingt, Kinder aus anderen Schultypen durch sogenannte Aufbauklassen zu integrieren.

Verkürzung der Schulzeit

Der Zugang zum Studium sollte flächendeckend bereits nach zwölf Schuljahren ermöglicht werden. Durch die Einführung einer qualitativ hochwertigen Vorschule ist das ein gut erreichbares Ziel. Mindestens vierzig Prozent der Kinder eines Jahrgangs sollten einen Hochschulabschluss erreichen und nicht nur – wie gegenwärtig – etwa zwanzig Prozent.[38]

BAföG ja, Studiengebühren nein

Unterstützt werden muss dies durch ein umfassendes BAföG und ein Erststudium ohne Studiengebühren. Haben Kinder aus einkommensschwachen Haushalten gleiche Chancen auf das Bestehen des Abiturs, wäre es grotesk, ihnen mit finanziellen Hürden den Weg zur Universität zu verbauen. Denkbar ist daher, BAföG weiterhin an das Einkommen der Eltern zu koppeln. Die Rückzahlung sollte einkommensabhängig erfolgen.

Verbesserte Berufsberatung

Um teure Umorientierungen an der Universität zu vermeiden, sollte die Wahl des Studienfachs durch eine bessere Prüfung der Leistungsstärken und eine qualitativ hochwertige Beratung der jungen Leute unterstützt werden. Derzeit studieren zu wenige junge Menschen in Deutschland, und sie beginnen ihr Studium zu spät. Sie studieren oft an ihren eigenen Begabungen und am Markt vorbei. Kinder, deren Eltern sich mit Berufsfeldern nicht auskennen, sind im Nachteil. Sie werden nicht selten von Lehrern beraten, die weder den Arbeitsmarkt noch die angesprochenen Berufe kennen.

Die Bildungsreform ist teuer, aber unbezahlbar

Wenn all diese Reformen unterbleiben, kommt bald der Zeitpunkt, an dem die Abwärtsspirale nicht mehr aufgehalten werden kann. Das deutsche Bildungssystem führt nicht nur zu einem immer geringeren Ertrag pro Kind bei sinkender Kinderzahl, sondern trägt mittlerweile selbst dazu bei, dass die Geburtenquote so niedrig ist.

Heute wollen die meisten Mütter und viele Väter Familie und Beruf vereinen. Nur die wenigsten wollen sich allein dem Beruf oder ausschließlich der Familie widmen. Daher ist die Ganztagsschule Voraussetzung für eine höhere Geburtenquote. Ganztägige Kindertagesstätten, Vorschulen und Schulen würden wie in den skandinavischen Ländern oder in Frankreich dazu führen, dass die Geburtenquote steigt, weil weniger Frauen fürchten müssten, wegen ihrer Kinder den Arbeitsplatz zu verlieren oder Karrieremöglichkeiten im Beruf zu verpassen.

Natürlich ist es richtig, dass die Geburtenrate nicht allein von Ganztagsschulen und -vorschulen abhängt, sondern auch andere Faktoren eine Rolle spielen. So ist die prekäre wirtschaftliche Situation im Osten der Grund dafür, dass in den neuen Bundesländern noch immer weniger Kinder als in den alten geboren werden, obwohl es dort deutlich mehr Kindertagesstätten und Ganztagsschulen als im Westen gibt.

In einer Region mit Arbeitslosenquoten von über 21 Prozent, wie etwa in Sachsen-Anhalt[39], stellt jedes Kind ein hohes Risiko für den eigenen Arbeitsplatz und für Armut in der Familie dar. Lediglich die Hälfte aller Familien in den neuen Bundesländern kann realistischerweise davon ausgehen, mit auch nur einem Kind der Armut dauerhaft zu entgehen. Zwei oder drei Kinder sind nur für die Minderheit der Familien seriös finanzierbar. Bei Scheidung oder Jobverlust droht Armut für Eltern und Kinder.

In den neuen Bundesländern wird die Geburtenrate daher nicht steigen, bevor nicht die Arbeitslosenquote sinkt. In den alten Bundesländern hingegen wird sie nicht steigen, bevor nicht die Vereinbarkeit von Beruf und Familie durch ein qualitativ hochwertiges Angebot von Ganztagskindertagesstätten und Ganztagsschulen ohne Kosten für die Familien gegeben ist.

Die große Reform des Bildungssystems könnte die Voraussetzungen für eine höhere Geburtenquote und für die Verteidigung unserer Wettbewerbsfähigkeit in einer globalisierten Wirtschaft schaffen und damit die beiden wichtigsten Probleme der Zukunft unseres Landes zwar nicht lösen, aber lösbar machen. Kommt die große Bildungsreform nicht, geht es bald abwärts. Bei sinkender Geburtenrate und einer bereits geschrumpften Bevölkerung erhöhen sich die Sozialabgaben für den wachsenden Anteil älterer Menschen, während gleichzeitig die Konkurrenzfähigkeit der Wirtschaft zurückfällt. Steigende Sozialabgaben werden die Wirtschaft weiter belasten im Vergleich zu Ländern, die diese Lasten nicht zu tragen haben. Jedes in Deutschland oder ins Ausland verkaufte Produkt muss einen immer größeren Anteil seines Preises in die Finanzierung des Sozialstaates einbringen – Kosten, die in Ländern mit einer jüngeren Bevölkerung geringer sind.

Das Bildungssystem beschädigt unsere Konkurrenzfähigkeit daher direkt und indirekt: direkt, weil es die Arbeitnehmer nicht so ausbildet, dass wir mit Ländern niedrigerer Löhne konkurrieren könnten, und indirekt, weil es sich negativ auf die Geburtenrate auswirkt, was die Kosten der sozialen Sicherung für jeden Beschäftigten und somit die Lohnnebenkosten und letztlich die Lohnkosten erhöht.

Jeder Unternehmer muss ständig neu entscheiden, ob er in Arbeitsplätze investiert oder in eine Maschine, die mit weniger Arbeitskräften bedient werden kann. Auch muss jeder Unternehmer ständig neu entscheiden, ob er in Deutschland oder im Ausland Arbeit einkauft. Hohe Sozialabgaben und geringe Qualifikation sind Gift für den Arbeitsmarkt, weil Arbeitgeber dann in Maschinen im Inland und Arbeitnehmer im Ausland investieren anstatt in deutsche Arbeitnehmer. Im ungünstigsten Fall investieren sie in Maschinen und Arbeitnehmer im Ausland und verlagern die Produktion ganz.

Das deutsche Bildungssystem führt dazu, dass aus der Perspektive des Arbeitgebers die Arbeit in Deutschland gleichzeitig teurer und weniger wertvoll wird. Für den Arbeitnehmer hingegen sinkt der Anteil des Lohns, den er ausgeben kann, während das Risiko der Arbeitslosigkeit für ihn steigt. Es gewinnen nur die wenigen Privilegierten.

Daher ist die Investition in unser Bildungssystem die wichtigste Investition in unserer Volkswirtschaft überhaupt. Sie ist die notwendige Voraussetzung für ein nachhaltiges Wachstum unserer Wirtschaft und steigende Geburtenzahlen. Ihre Kosten sind allerdings höher als oft vermutet. Die Kosten einer verbesserten Kinderbetreuung in Deutschland würden nach den Berechnungen des Instituts für Gesundheitsökonomie und Klinische Epidemiologie 23,5 Milliarden Euro jährlich betragen. Für diese Summe würden alle Kinder im Alter von ein und zwei Jahren einen Platz in einer Kindertagesstätte (10,6 Milliarden Euro) und alle Kinder im Alter von drei bis fünf Jahren einen Kindergartenplatz (7,9 Milliarden Euro), jeweils als Halbtagsplatz, erhalten. Ebenfalls in der Summe enthalten sind Ganztagsplätze für die Hälfte der Kinder der jeweiligen Altersstufen (zusammen 3,6 Milliarden Euro) sowie eine Sprachförderung für zehn Prozent der Kinder vor der Einschulung (210 Millionen Euro).

Die Ausgaben in Deutschland für Tageseinrichtungen lagen 2005 bei 11,1 Milliarden Euro. Darin sind Elternbeiträge bereits enthalten, nicht jedoch privat finanzierte Betreuungen wie Tagesmütter sowie die Aufwendungen privater und gemeinnütziger Träger aus Eigenmitteln. Es verbleibt somit ein Mehrbedarf von etwa 12 Milliarden Euro jährlich für den hier gemachten Vorschlag. Die entscheidenden Mehrkosten fallen in den Berechnungen durch die Ausweitung des Angebots an Kindertagesstätten an.

Da die Kindergärten zu Vorschulen ausgebaut werden sollen, ist insbesondere eine bessere Qualifikation des Personals mit entsprechend höheren Vergütungen und eine Reduzierung der Gruppengrößen notwendig. Für den Bereich der heutigen Kindergärten würde dies nochmals Mehrkosten von 2,4 Milliarden Euro jährlich verursachen. Sollen auch Kindertagesstätten entsprechend qualitativ aufgewertet werden, entstünden weitere Mehrkosten von 3,2 Milliarden Euro.

Die Finanzierung einer solchen Reform kann weder aus dem laufenden Haushalt noch durch die Streichung von familienpolitischen Leistungen erreicht werden. Auch wenn es hier Einsparpotentiale gibt, kommen wir um Steuererhöhungen nicht herum. Langfristig wird diese Reform sich auf jeden Fall selbst tragen, weil sie etwa das Wachstumsdefizit unseres Bruttoinlandsproduktes ausgleicht, welches die verpassten Reformen der Vergangenheit schon jetzt verursachen. Würde die Bildungsreform unser Wirtschaftswachstum um 0,5 Prozent steigern, entstünde ein volkswirtschaftlicher Gewinn von mehr als elf Milliarden Euro jährlich.

Außerdem würde ein Ausbau der ganztätigen Kinderbetreuung es Paaren erleichtern, Kinder und Beruf miteinander zu verbinden. Zu erwarten wäre also ein Anstieg der Geburtenrate, der wiederum ein Wachstum der Wirtschaft bedingte. Gleichfalls würden sich mit der Frauenerwerbsquote auch das Bruttoinlandsprodukt sowie das Steueraufkommen erhöhen. Gingen bei uns so viele Frauen wie Männer einer bezahlten Erwerbstätigkeit nach, fiele das Bruttosozialprodukt um neun Prozent höher aus, was einem Betrag von etwa 200 Milliarden Euro pro Jahr entspräche.[40]

Da Steuererhöhungen trotz der langfristigen Rendite einer solchen Investition unumgänglich sind, sollte zunächst die in Deutschland viel zu niedrige Erbschaftssteuer angehoben werden. Jährlich werden bei uns 200 Milliarden Euro vererbt, und der Ertrag der Erbschaftssteuer liegt bei nur vier Milliarden Euro. Während der Spitzensteuersatz auf verdientes Einkommen 42 Prozent beträgt, wird Erbe im Durchschnitt nur mit zwei Prozent besteuert. Erbschaften sollten wie jedes andere Einkommen versteuert werden. Die Erbschaftssteuer sollte in einem ersten Schritt so stark erhöht werden, dass sie mindestens zehn Milliarden Euro Ertrag pro Jahr erbringt. Dass damit Erben nicht überlastet würden, haben Erfahrungen nicht zuletzt in den Vereinigten Staaten gezeigt. Zusätzlich wären eine Erhöhung der Einkommensteuer und eine Umwidmung familienpolitischer Leistungen für den Bildungsbereich unumgänglich.

Hohe Steuern auf das Erbe der Eltern schaffen Leistungsanreize, während hohe Steuern auf Arbeit die Leistungsbereitschaft von Akademikern zumindest in den mittleren Einkommensgruppen senken. Der Ingenieur, der mit fünfzig Jahren ein Vermögen erbt, geht es danach lockerer an.

Ein Land, in dem nur noch Erben reich werden können, lädt nicht zur Leistung ein. Dabei erben die Privilegierten in der Regel gleich zweimal. In der Kindheit erben sie die guten Bildungschancen, die sie auf die Gewinnerseite dieser Gesellschaft bringen. Später erben sie das Vermögen ihrer Eltern.

Kein Reichtum ist ungerechter als der, der sich aus dem Erbe ergibt. Ein Land, in dem diejenigen, die arme Eltern haben, erst keine Bildung bekommen und dann keinen Anteil vom Erbe ihrer gesamten Generation, ist besonders ungerecht. Die Privilegierten können nicht ernsthaft argumentieren, dass es wichtiger sei, ihre Kinder doppelt zu versorgen, als einen Beitrag zum Überleben des Wohlstands dieser Gesellschaft insgesamt zu leisten.

Zweiklassenmedizin

Die Spannung schwindet, und das Gespräch wird lockerer, bald werden wir uns verabschieden. Am anderen Ende der Leitung ist ein niedergelassener Facharzt aus Aachen, den ich persönlich nicht kenne. Er leidet an Asthma und Bluthochdruck, war ansonsten bislang aber frei von chronischen Krankheiten. Seit kurzem weiß er, dass er Krebs hat. Jetzt sucht er einen Spezialisten. Da unser Institut seit Jahren die Qualität von Kliniken untersucht, hat er eine Frage zu Professor S. aus München, den ich gut kenne. Wir vereinbaren, dass ich den Kontakt zu Professor S. herstelle, die Befunde will er mir faxen. Zum Schluss frage ich den niedergelassenen Arzt, der jetzt seit mehr als dreißig Jahren praktiziert, weshalb er sich nicht in dem Aachener Krankenhaus behandeln lasse, in das er seit Jahrzehnten seine Patienten mit der gleichen Diagnose schickt. Meine Frage verwundert ihn. Schließlich wisse doch keiner besser als ich, wie wichtig es sei, zum Spezialisten zu gehen. Wir tauschen Abschiedsfloskeln. In der Tat, im Falle einer schweren Erkrankung würden sich die meisten Ärzte niemals den Kollegen anvertrauen, die ihre eigenen Patienten vor Ort versorgen.

Im Zweifel privat versichert

Als Gesundheitspolitiker oder Wissenschaftler zu argumentieren, dass privat Versicherte besser versorgt würden, ist eine riskante Sache. Man wird ermahnt, das System der gesetzlichen Krankenkassen hochzuhalten, um nicht die freiwillig dort Versicherten in die Arme der Privaten Krankenversicherung zu treiben. Daher sollte man als Politiker zumindest so tun, als ob es zwischen den Gesetzlichen und den Privaten Krankenversicherungen keine echten Qualitätsunterschiede gäbe; allenfalls könne man den besseren Service der Privaten Krankenversicherung einräumen, müsse dann aber sofort die höheren Kosten und deren steileren Anstieg bei den Privaten erwähnen. Die privat Versicherten zahlten mehr und erhielten dafür schneller einen Arzttermin, aber im Prinzip seien alle gleich gut versorgt. So könnte man in der Tat argumentieren, aber es entspräche nicht der Wahrheit.

In Wahrheit bestehen in der Medizin wie in der Wissenschaft oder der Kunst gigantische Qualitätsunterschiede. Es gibt miserable und hervorragende Ärzte, hier stehen Zwerge neben Giganten. Wcnn man eine ernste, seltene oder schwerwiegende Krankheit hat, kommt alles darauf an, von einem der sehr guten Leute behandelt zu werden. Ein Spezialist kann einem vielleicht helfen, ein überforderter Arzt bringt einem bestenfalls neue Probleme, schlimmstenfalls leitet er das Finale ein. Die seltene oder schwerwiegende Erkrankung ist der Ernstfall in der Medizin, nicht die gemeine Grippebehandlung, die tatsächlich jeder Arzt vornehmen kann. Und tritt der Ernstfall ein, bei Krebs oder einer raren neurologischen Erkrankung etwa, bleibt der gesetzlich Versicherte oft auf der Strecke, weil er keinen oder nur einen sehr späten Zugang zu Spezialisten hat.

Die Experten in fast allen Bereichen der Medizin behandeln vornehmlich oder ausschließlich Privatpatienten. Eine mit

Steuergeldern finanzierte Universitätsklinik müsste aber allen zur Verfügung stehen, und die Anzahl ihrer Kassenpatienten sollte deren Anteil an der Bevölkerung entsprechen. Durchschnittlich sind in Deutschland etwa neunzig Prozent der Bevölkerung gesetzlich versichert, davon ein gutes Drittel bei den Allgemeinen Ortskrankenkassen (AOK), ein weiteres Drittel bei den Ersatzkassen, der Rest bei den Betriebs- und Innungskrankenkassen.[1] Tatsächlich aber werden privat Versicherte umso stärker bevorzugt, je höher man in der Hierarchie der Ärzte einer Universitätsklinik kommt. Je erfahrener der Arzt dort ist, desto mehr Zeit verbringt er mit den privat Versicherten. Die gesetzlich Versicherten werden häufig durch die unerfahrenen, auszubildenden Ärzte behandelt.

Natürlich ist es im Ausnahmefall so, dass das Krankenhaus vor Ort auch für den schweren Fall die beste Versorgung bietet. Die Regel ist aber anders, sonst könnte man auf jede Spezialisierung verzichten.[2] In den Vereinigten Staaten wurde schon früh durch wissenschaftliche Studien bewiesen, dass sich Spezialisierung für den Patienten lohnt.[3] Man ermittelte zum Beispiel, wie viele Todesfälle vermieden werden könnten, wenn die Patienten an ein spezialisiertes Krankenhaus überwiesen würden, in dem die Behandlung beziehungsweise die Operation deutlich häufiger als andernorts vorgenommen wurde. Eine Studie betrachtete elf medizinische Maßnahmen – darunter Bypassoperationen und Tumorentfernungen – und kam zu dem Ergebnis, dass allein bei diesen Eingriffen in Kalifornien jedes Jahr 602 Todesfälle durch Inanspruchnahme von spezialisierten Krankenhäusern hätten verhindert werden können.[4]

Der Zusammenhang zwischen der Zahl der Eingriffe beziehungsweise Behandlungen und der erreichbaren Qualität konnte mittlerweile auch in Deutschland nachgewiesen werden. Er gilt von dem Moment an, in dem man das Licht der Welt erblickt. So überleben Kinder mit Risikofaktoren mit einer deut-

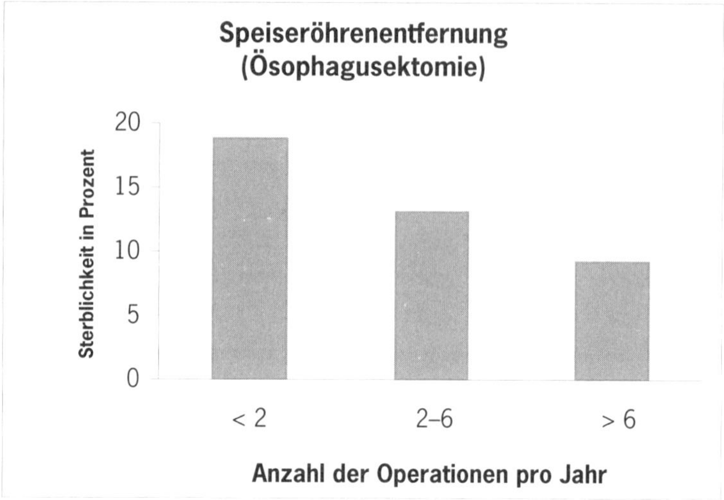

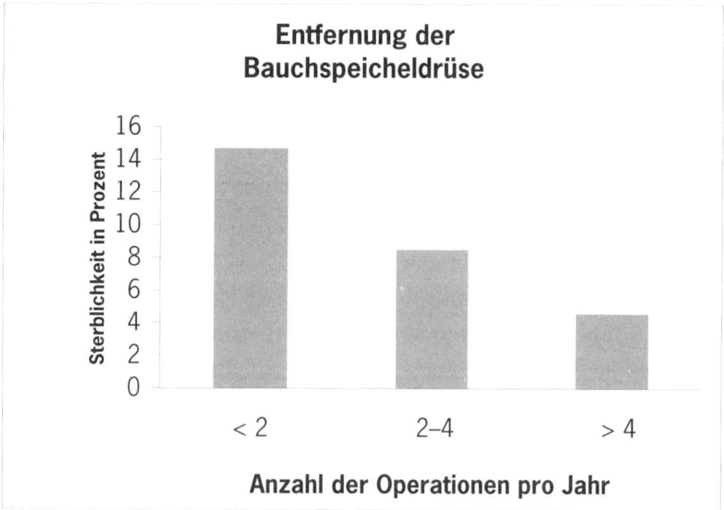

Quelle: Birkmeyer, J. D. et al. (2003): «Surgeon volume and operative mortality in the United States». New England Journal of Medicine 349 (22)

Abb. 5 und 6: Je erfahrener der Chirurg mit einem Eingriff ist, desto geringer ist das Risiko für den Patienten, an der Operation zu sterben.

lich höheren Wahrscheinlichkeit, wenn sie in einer auf Neonatologie spezialisierten Klinik geboren werden. Kommen sie in einer Allgemeinklinik zur Welt, sterben sie häufiger oder kämpfen öfter für den Rest ihres Lebens mit einer Behinderung.[5] Kinder, die weniger als tausend Gramm wiegen und die nicht in ausreichend spezialisierten Einrichtungen in Deutschland geboren werden, haben ein um einhundert Prozent erhöhtes Risiko zu sterben. Die Kliniken wissen um diesen Zusammenhang. Dass nicht spezialisierte Kliniken diese Geburten zum Teil aus wirtschaftlichen Gründen trotzdem mit der Folge durchführen, dass die Kinder sterben oder schwer behindert sind, gehört zu den noch nicht ausreichend aufgedeckten Skandalen der deutschen Medizin.

Im Ernstfall kommt es in jedem Lebensalter darauf an, Zugang zu Experten zu haben. Um an einen guten Arzt oder eine gute Klinik zu gelangen, muss man «shoppen» gehen. Das kann man aber in der Regel nur als privat Versicherter, weil der Spezialist, wenn man ihn bei der mangelhaften Transparenz des Systems überhaupt findet, sonst kein Interesse zeigt. Wer glaubt, man könne auch als gesetzlich Versicherter persönlich bei den renommierten Chefärzten einer Universitätsklinik vorsprechen, möge nach der Lektüre dieses Kapitels den Selbstversuch starten. Die erste und für neunzig Prozent der Anrufer auch letzte Frage des Sekretariats wird lauten, ob man privat versichert sei. Muss man das verneinen, ist es in der Regel aus.

Diese Tatsache ist den Politikern nicht unbekannt. Es vergeht kaum eine Woche, in der ich nicht den Verwandten oder die Lebenspartnerin eines Politikers – sehr häufig auch aus Fraktionen des Bundestags, die der Zweiklassenmedizin nicht kritisch gegenüberstehen – an einen Spezialisten vermitteln soll, weil der oder die Betreffende «nur» gesetzlich versichert sei und es ohne Fürsprache nicht bis dorthin schaffen würde. Viele Politiker, die öffentlich die Existenz einer Zweiklassenmedizin bestreiten, wissen genau, dass es sie gibt und auch ihr eigenes Umfeld davon betroffen ist. Es gehört zu den Heucheleien der deutschen Gesundheitspolitik, dass man die Zweiklassenmedizin selbst dann noch tabuisiert, wenn die eigenen Eltern darunter leiden. Dabei weiß ein großer Teil der Bevölkerung ohnehin aus eigener Erfahrung Bescheid.

Die Politik leugnet das Offensichtliche, als ob die Erde eine Scheibe wäre. Die Tatsache, dass sich mehr als die Hälfte der Bundestagsabgeordneten für die Private Krankenversicherung entschieden hat, macht das Leugnen nicht glaubwürdiger. Wenn es keine Zweiklassenmedizin gäbe, wären die Abgeordneten nicht zu verstehen. Aber von der Gesundheitsministerin über die stellvertretenden Fraktionsvorsitzenden im Bereich Gesundheit bis hin zu diesem Autor sind wir fast alle privat versichert. Ein gesetzlich versicherter Minister überrascht jeden Mediziner, wie es unlängst dem Umweltminister Sigmar Gabriel (SPD) geschah, dessen Arzt sich dies gar nicht vorstellen konnte. Wenn ein Professor oder Beamter privat versichert ist, darf er von den gesetzlichen Krankenkassen nicht mehr aufgenommen werden. Der Autor selbst hat den vergeblichen Versuch unternommen. Eine Wahlmöglichkeit für Beamte zu schaffen ist bei den Verhandlungen zur Gesundheitsreform 2007 auf Druck der Privaten Krankenversicherung erneut gescheitert.

Weshalb interessieren sich die Spezialisten so für die privat Versicherten und weniger für die komplizierten Fälle der gesetzlich Versicherten? Eine Spezialisierung dauert sehr lange. Ein Universitätsprofessor ist im Durchschnitt 45 Jahre alt, wenn er seine Klinik bekommt. Dann hat er sich gegen 98 Prozent der Kollegen seines Jahrgangs durchgesetzt.[6] Der Rat der Universitätsprofessoren oder ähnlich gut qualifizierter Fachleute ist die wichtigste Ressource der modernen Medizin. Mehr als die teuren Geräte und Arzneimittel zählen die Köpfe, die diese Arzneimittel erforschen und richtig einsetzen. Das teuerste Röntgengerät ist nichts wert, wenn der Arzt etwas auf dem Röntgenbild übersieht oder die falschen Schlüsse daraus zieht. Ein Gramm Gehirn des Spezialisten kann mehr helfen als eine tonnenschwere Bestrahlungskanone. Diese Fachärzte können sich ihre Patienten aussuchen, es gibt immer mehr, als sie zu behandeln vermögen. Da sie nach Jahrzehnten der Ausbildung, in denen sie bei überragender Leistung und größtem Fleiß nicht besser bezahlt wurden als alle anderen, jedoch endlich gut verdienen wollen, müssen sie sich auf privat Versicherte konzentrieren.

Ein Professor für Radiologie kann heute an einer Uniklinik noch immer über fünf Millionen Euro im Jahr einnehmen, wenn er seine Privatpatienten direkt abrechnen darf. Jüngere Professoren haben in der Regel zwar schlechtere Verträge, aber im Durchschnitt verdienen alle Chefärzte rund 280000 Euro im Jahr[7], die von großen Kliniken in der Regel deutlich mehr. Das hohe Einkommen dieser Ärzte finde ich persönlich auch gerechtfertigt. Es sind die Besten ihres Jahrgangs, und es ist nicht einzusehen, weshalb drittklassige Manager, die den Börsenwert ihrer Firma halbieren, Höchstgehälter kassieren, während voll austrainierte Spezialisten mäßig bezahlt werden sollen.

Ungerecht ist allenfalls, dass die alten Verträge in der «Ackermann-Liga» hauptsächlich Mediziner begünstigen, die international völlig unbekannt sind und sich gegen die heutige Konkurrenz niemals durchgesetzt hätten. Dieses Problem wird durch den sich vollziehenden Generationenwechsel gelöst. Wirklich problematisch bleibt jedoch, dass das hohe Einkommen nur zustande kommt, wenn Ärzte sich auf privat Versicherte konzentrieren. Die Zweiklassenmedizin ist im heutigen System die Voraussetzung dafür, dass Spezialisten in Deutschland gut bezahlt werden können: eine groteske Situation. Sie führt dazu, dass die Fachleute die am schwersten erkrankten und auch medizinisch interessantesten Patienten oft gar nicht sehen, weil diese zu neunzig Prozent gesetzlich versichert sind.

So behandelt ein mir bekannter Spitzenchirurg einer deutschen Universitätsklinik vor allem Leistenbrüche, eine zwar völlig harmlose, aber auch bei privat Versicherten recht häufige Operation. Daneben ist er auf Bauchspeicheldrüsenkrebs spezialisiert, eine sehr aggressive Krankheit hauptsächlich älterer Menschen – neun von zehn überleben das erste Jahr nicht.[8] Viele sterben bereits nach dem Eingriff. Wird dieser von einem erfahrenen Operateur vorgenommen, ist die Sterbewahrscheinlichkeit allerdings nur halb so hoch (5,8 Prozent) wie bei Patienten, die von Ärzten mit wenig Erfahrung operiert werden (12,9 Prozent)[9].

Statt dass nun dieser Chirurg alle Fälle mit Bauchspeicheldrüsenkrebs im Umfeld seiner westdeutschen Großstadtklinik operiert – was zeitlich gut ginge, da die Krankheit sehr selten ist –, übernimmt er nur einen kleinen Teil davon und behandelt hauptsächlich Leistenbrüche. Operiert er einen Bauchspeicheldrüsenkrebspatienten der AOK, steigt sein persönliches Einkommen nicht um einen einzigen Euro. Operiert er stattdessen in der gleichen Zeit fünf Privatpatienten mit Leistenbruch, hat er zusätzliche 3000 Euro verdient.

Dic knappste Ressource in unserem Gesundheitssystem, die Zeit der Superspezialisten, wird oft für Trivialeinsätze verschwendet, damit diese Leute gut verdienen und die Privilegierten zu jedem Zeitpunkt die bestmögliche Versorgung genießen. Hinzu kommt, dass sich schwer erkrankte Privatpatienten zunehmend von mehreren Spezialisten untersuchen lassen. Sie holen Zweitmeinungen von Universitätsprofessoren aus Freiburg bis Hannover ein, um sich auf der Grundlage mehrerer Diagnosen und Behandlungspläne für die optimale Therapie entscheiden zu können. Gleichzeitig wird ein ähnlich erkrankter gesetzlich Versicherter mitunter nicht einem einzigen wirklichen Spezialisten vorgestellt.

Dieser Missstand ist nicht der Unmoral des Einzelnen geschuldet, sondern ein Fehler im System. Würde ein Spezialist sich weigern, die trivial erkrankten privat Versicherten zu bevorzugen, kämen diese Patienten nicht mehr in seine Klinik. Die Klinik will und kann aber auf diese Einkünfte nicht verzichten. Daher würde der kaufmännische Direktor bald den nötigen Druck aufbauen, um den Spezialisten zum Einlenken zu bewegen. Die Zweiklassenmedizin macht eben nicht nur den Chefarzt reich, sondern die ganze Klinik.

Da alle Chefärzte oder Professoren eines Krankenhauses von den Privatpatienten profitieren, ist ein Kollege, der die Zweiklassenmedizin ablehnt, eine wirtschaftliche Gefahr für das ganze System. Er riskiert damit, von seinesgleichen erst gar nicht berufen oder eingestellt zu werden. Schon bei der Besetzung eines Lehrstuhls spielt die Frage, ob jemand Privatpatienten anzieht, eine riesige Rolle. Ein genialer Wissenschaftler und Eigenbrötler, der die Patienten nicht ausreichend hofiert, schmälert das Einkommen seiner Kollegen, weil er nicht genug Private in die Klinik bringt und es dann an Überweisungen innerhalb der Klinik fehlt. Deshalb wird er den Lehrstuhl wohl gar nicht erst bekommen.

Wer also davon ausgeht, dass an der deutschen Universitätsklinik immer der beste Forscher oder Kliniker berufen würde, liegt falsch. Selbst wenn es der Beste in diesem System schafft, wird er sich bald auf Privatpatienten konzentrieren.

Der Niedergang der klinischen Forschung

Das deutsche Gesundheitssystem ist nicht nur ungerecht, sondern auch teuer und ineffizient. Denn es beschert uns eine schlechtere medizinische Versorgung, als sie für das gleiche Geld möglich wäre. Und es hat zu einem beispiellosen Niedergang der klinischen Forschung in Deutschland geführt.[10]

Es ist bezeichnend, dass unsere Fachzeitschriften in der Inneren Medizin international überhaupt keine Rolle spielen.[11] Auch das «Deutsche Ärzteblatt», die größte medizinische Zeitschrift Deutschlands mit einer Auflage von circa 385000 Exemplaren, taucht in der international wichtigsten Datenbank für medizinische Veröffentlichungen nicht einmal auf. Wenn man dort publiziert, erfährt das kein Amerikaner. Die wichtigsten Journale der USA, Englands, der Niederlande, Kanadas, Schwedens, Dänemarks, Norwegens und Finnlands werden alle gelistet. Da überrascht es nicht, dass Deutschland unter den meistzitierten Ländern in der klinischen medizinischen Forschung nur noch den sechzehnten Rang belegt.

Die Zweiklassenmedizin ruiniert die Forschung, weil zu viele Spezialisten nach Abschluss ihrer extrem aufwendigen Ausbildung aus der Forschung aussteigen und sich der Behandlung

Quelle: Coppen, A., Bailey, J.: 20 most cited countries in clinical medicine ranked by population size. The Lancet 2004; 363: 250

Abb. 7: In der international relevanten medizinischen Forschung ist Deutschland auf den 16. Platz zurückgefallen.

von Privatpatienten widmen. Denn mit der Forschung alleine kann an einem deutschen Universitätskrankenhaus nicht viel Geld verdient werden. Wirbt der klinische Forscher in großem Umfang Drittmittel von der Industrie ein, geht das Geld komplett an die Klinik, für ihn bleibt nichts. Beansprucht er einen Teil der Mittel für Tätigkeiten außerhalb des engen Forschungsvorhabens, läuft er Gefahr, wegen Korruption angeklagt zu werden. Viele ziehen sich deshalb zum Zeitpunkt der Berufung weitgehend aus der aktiven Forschung zurück, behandeln Privatpatienten, werden einigermaßen vermögend und bewerten die Ergebnisse der Forschungsgruppen im Ausland, ohne selbst etwas dazu beizutragen.

Keine Ausnahme, sondern geradezu typisch ist der deutsche Universitätsprofessor, der seinen Kollegen für ein Honorar der Pharmafirma die Forschungsergebnisse aus den USA erklärt und somit eine Art Marketing-Galionsfigur der Firma darstellt. Im Fachjargon wird vom «habilitierten Mietmaul» gesprochen.[12] Es ist so peinlich wie traurig, wenn man erleben muss, dass viele hochdotierte deutsche Universitätsprofessoren nur bei den sogenannten Satellitensymposien der internationalen Fachkongresse eine Rolle spielen. Dabei handelt es sich um Marketingveranstaltungen der Pharmafirmen, die parallel zum eigentlichen wissenschaftlichen Programm ablaufen.

Unsere Spitzenleute sind weder dümmer noch fauler. Nur wenige der Spezialisten in der Universitätsklinik schaffen es aber, gleichzeitig die Privatklinik zu schmeißen, die Weiterbildung durchzuführen, die Kontrolle der Assistenzärzte bei der Versorgung der gesetzlichen Patienten zu gewährleisten und daneben international anerkannte Spitzenforschung zu betreiben. Ihnen fehlen die Zeit, der finanzielle Anreiz und das Klinikmanagement, um international in der Champions League konkurrieren zu können. So verkommen einst ehrgeizige Wissenschaftler zu Privatärzten.

Ähnlich funktioniert das System in Italien oder Österreich. Die skandinavischen Länder, England, die Niederlande oder die Schweiz hängen uns ab. Von den Vereinigten Staaten ganz zu schweigen, wo in sechs Wochen mehr zitierte Forschungsergebnisse publiziert werden als bei uns im ganzen Jahr. Der oben genannte Bauchspeicheldrüsenspezialist gehört zu den besten Operateuren Deutschlands. International ist er als Wissenschaftler leider kaum bekannt, er hat keine einzige Studie durchgeführt, die im «New England Journal of Medicine», dem besten Fachblatt für Medizin, oder einem ähnlich renommierten Fachblatt publiziert worden wäre. Das Zeug dazu hätte er gehabt.

Der Verlierer dieses Systems ist der gesetzlich Versicherte – und die gesamte Gesellschaft durch den Niedergang der klinischen Forschung. Dabei wird fast die komplette Infrastruktur der Universitätskliniken von Beitragszahlern der Gesetzlichen Krankenversicherung und aus Steuermitteln bezahlt. Stärker als alle anderen profitieren davon die zehn Prozent privat Versicherten, für die wir die aufwendigste Therapie weltweit vorhalten.

Das deutsche Gesundheitssystem ist das drittteuerste der Welt, nur noch übertroffen von den Vereinigten Staaten und der Schweiz. Wenn aber die Privatpatienten in Deutschland allein betrachtet werden, ist unser System das teuerste. Damit die wenigen, die bereits in jeder Hinsicht im Vorteil sind – die Einkommensstarken, diejenigen mit sicherem Arbeitsplatz, die Gesünderen mit höherer Lebenserwartung und die Beamten –, neben den anderen Vergünstigungen auch noch eine bessere Gesundheitsversorgung erhalten, ruinieren wir unsere Forschung und verschlechtern die Versorgung der vielen gesetzlich Versicherten.

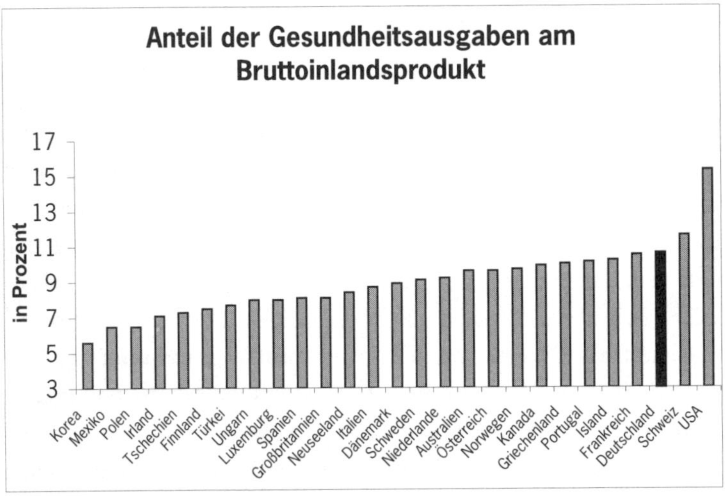

Quelle: OECD Health Data 2006 (Bezugsjahr 2004)

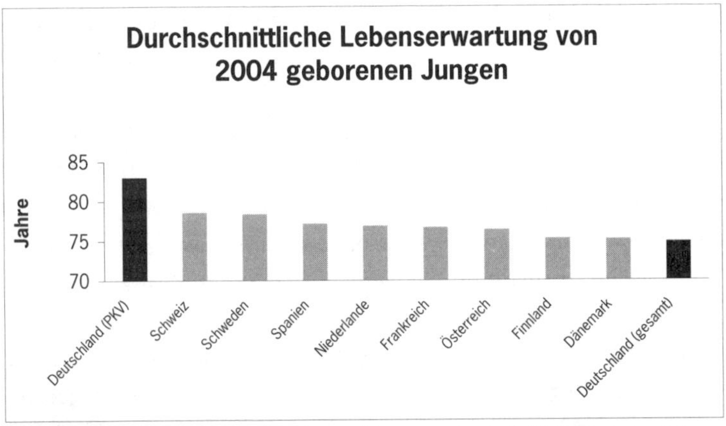

Quelle: Sterbetafeln der Privaten Krankenversicherungen 2004; OECD Health Data 2006

Abb. 8 und 9: Die deutsche Zweiklassenmedizin ist teuer, macht sich aber nur für die privat Versicherten bezahlt. Sie haben die höchste Lebenserwartung im europäischen Vergleich, die gesamte Bevölkerung hingegen eine der niedrigsten.

Der alles entscheidende Zugang zu Spezialisten

Das System der Zweiklassenmedizin führt dazu, dass Privatpatienten teurere Arzneimittel erhalten[13], weniger lange beim niedergelassenen Facharzt warten müssen, besseren Zugang zu allen Spezialkliniken und besonders ausgewiesenen Spitzenärzten haben und über deutlich mehr Wahlmöglichkeiten im System verfügen. Der wichtigste strukturelle Vorteil neben dem Zugang zu Spezialisten ist dabei die Möglichkeit, Universitätskliniken für langfristige Versorgungen in Anspruch zu nehmen. Kassenpatienten kann der Krankenhausarzt oft nur dann behandeln, wenn sie stationär in die Klinik aufgenommen werden - anders bei privat Versicherten. Deshalb werden privat Versicherte auch viel seltener ins Krankenhaus eingewiesen als die gesetzlich Versicherten.

Kassenpatienten werden sehr oft unnötig stationär aufgenommen, weil sonst die Klinik die Leistung nicht «abrechnen» kann. Ein übliches Drehtürverfahren besteht darin, dass der niedergelassene Arzt sich nicht traut, an einen niedergelassenen Fachkollegen zu überweisen, weil er Angst hat, dass dieser den Patienten abwirbt und in sein eigenes Netzwerk einspeist. «Keine Rückkehr vom Feindflug» nennen Ärzte das. Deshalb überweist er lieber ins Krankenhaus, lässt dort teuer behandeln und kann sicher sein, dass der Patient - wahrscheinlich sogar dankbar für die aufwendige Behandlung - zurückkehrt.

Krankenhäuser dürfen ihre Spezialisten nicht für dauerhafte ambulante Behandlungen gesetzlich versicherter Patienten einsetzen. Davon erfährt der Patient natürlich nichts. Er glaubt, dass es nur stationär ginge, vermutet also, es habe aus medizinischer Sicht keine Alternative gegeben. Dabei würde bereits ein Blick in die Vereinigten Staaten, die skandinavischen Länder oder Kanada genügen, um zu sehen, dass unsere Kliniken etwa doppelt so viele Patienten stationär aufnehmen wie diese Länder – mit der Ausnahme von Privatpatienten, die auch ambulant kostendeckend abgerechnet werden können.

Daher ist auch die häufig gehörte Geschichte falsch, die privat Versicherten würden nicht besser versorgt, weil an ihnen eher zu viel gemacht würde. Das mag im Einzelfall stimmen, zum Beispiel wenn eine überflüssige Untersuchung vorgenommen wird. Von der wichtigsten und gefährlichsten Form der Überversorgung, der medizinisch nicht notwendigen Einweisung in das Krankenhaus, sind aber nur die gesetzlich Versicherten betroffen. Hier geht es um überflüssige Operationen oder medizinische Untersuchungen mit hohen Komplikationsraten. Oft werden die Patienten so lange erfolglos von nicht ausreichend qualifizierten niedergelassenen Ärzten durch die Mühle gedreht, bis nichts anderes mehr übrig bleibt, als sie in das Krankenhaus einzuweisen, um dort eine Diagnose zu stellen. Als Privatpatient wäre ihnen dieser Aufenthalt wohl erspart geblieben, weil es schon vorher zu einer zutreffenden Diagnose gekommen wäre.

Vermutlich kennen viele Leser ähnliche Verläufe aus dem privaten Umfeld, wenn nicht aus eigener leidvoller Erfahrung. So werden Rheumakranke in Deutschland im Durchschnitt erst nach über einem Jahr mit Beschwerden bei einem Rheumatologen vorgestellt und bekommen erst dann eine adäquate Therapie. Das zeitliche Fenster, in dem man die beginnende Krankheit noch gut in den Griff kriegen kann, ist also für viele Patienten bereits verschlossen, noch bevor die Diagnose überhaupt gestellt wird. Bezeichnenderweise muss in Deutschland kein Arzt fürchten, dass sein Überweisungsverhalten kritisch durchleuchtet wird. Die Daten liegen nur der organisierten Ärzteschaft vor. Selbst die Krankenkassen können für ihre Versicherten hier nicht viel tun.

Unser System diskriminiert Kassenpatienten, weil sie die

hausintern sehr gut vernetzten Kliniken nicht für ambulante Behandlungen in Anspruch nehmen dürfen. Die Ausnahme sind die Polikliniken der Universitätskrankenhäuser, für die man aber als gesetzlich Versicherter einen Überweisungsschein benötigt. Daher finden nur ungefähr 4,6 Millionen (oder 0,8 Prozent) der 540 Millionen Arztbesuche im Jahr in Deutschland in den Universitätskrankenhäusern statt.[14] Und auch dort werden, wie oben bereits geschildert, für gesetzlich Versicherte nur akute, sporadische Behandlungen durchgeführt, keine dauerhaften ambulanten Therapien.

Nichts unterscheidet das deutsche Gesundheitssystem strukturell stärker von anderen europäischen Systemen als die strenge Trennung des ambulanten und des stationären Bereiches für gesetzlich Versicherte. Die fachärztliche Versorgung wird in Deutschland quasi doppelt vorgehalten: Durch die niedergelassenen Fachärzte und die Krankenhausfachärzte. Nicht von ungefähr haben wir die höchste Facharztdichte im europäischen Vergleich.[15] Während die Fachärzte in einer Klinik in der Regel kooperieren, konkurrieren die niedergelassenen Fachärzte um denselben Patienten.

Die doppelte Facharztschiene ist wahrscheinlich die größte Quelle von Unwirtschaftlichkeit und Ungerechtigkeit im deutschen Gesundheitssystem. Dabei geht es nicht in erster Linie um die sogenannten Doppeluntersuchungen, wenn zwei Ärzte die gleiche Untersuchung machen. Eine viel wichtigere Rolle spielen die überflüssigen Krankenhauseinweisungen und die Untersuchungen oder Behandlungen, die überhaupt nicht notwendig sind oder die in zu kurzen Abständen durchgeführt werden. Die doppelte Facharztschiene verschlingt zum einen sehr viel Geld – Länder wie Frankreich oder Italien mit einer vergleichbaren, wenn nicht gar besseren medizinischen Versorgung erreichen diese mit deutlich geringeren Ausgaben und erzielten beim Ranking der Gesundheitssysteme der WHO die Plätze 1

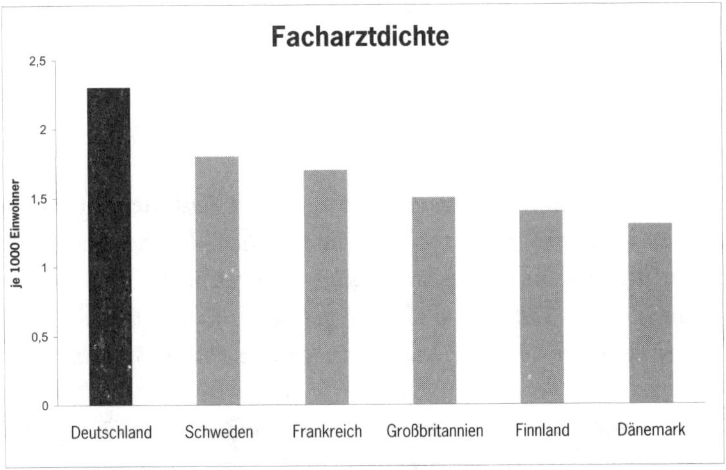

Abb. 10 Quelle: OECD Health Data 2006 (Bezugsjahr 2004)

und 2.[16] Zum anderen geht sie zu Lasten der Behandlungsqualität der gesetzlich Versicherten. Letzten Endes kostet sie damit sogar Menschenleben.

Seit zwanzig Jahren steht die Gesundheitspolitik unter Kostendruck. Warum wurde die doppelte Facharztschiene dennoch nie beseitigt? Der Hauptgrund ist sicher, dass sie den niedergelassenen Fachärzten bei der Verteidigung eines Einkommensmonopols hilft und gleichzeitig den privat Versicherten nicht so sehr schadet. Der für eine echte Reform notwendige Druck kann nicht aufgebaut werden.

Wie sehr gesetzlich Versicherte von der Zweiklassenmedizin Schaden nehmen, belegen auch eindrücklich Einlassungen von Ärzten in geschlossenen Internet-Foren für Ärzte. Dort tauschen sich Ärzte unter Nennung ihres wahren Namens und ihrer Adresse über gesetzlich Versicherte aus. Selbstverständlich denken längst nicht alle Mediziner so. Aber ein Blick in diese Internet-Foren zeigt, dass die Diskriminierung von Kassenpatienten durch Ärzte leider sehr weit verbreitet ist.

Im Internet-Forum www.facharzt.de veröffentlichte Beiträge von Ärzten (die Namen wurden geändert und die Ortsangaben gestrichen, die Schreibweise jedoch beibehalten)[17]:

Dr. med. Uwe N.-T.:
«Wäre ich (Kassen-) Patient, ich würde den Fuß nicht in meine Praxis treten, so lustlos bin ich inzwischen. Ich wüßte jedoch nicht, wo ich sonst hingehen sollte, weil ich weiß, dass es den benachbarten Kollegen so ähnlich geht wie mir. Keiner geht noch gerne in seine Praxis, wenn nicht gerade Privat-Sprechstunde ist.»

«(...) bitte, bitte, bitte doch nicht in der GKV versichern. Das nenne ich Raugeschmissenes Geld!!!»

Claus L.:
«Nur Faule oder Dumme fordern die Einklassen-Gesellschaft.»

«Wenn 20 ‹Kassler› im Wartezimmer sich den Arsch plattdrücken, geht der Türöffner auf ‹off› und der Anrufbeantworter auf ‹on›. Das wars für heute. Sprechzeiten für «Berufstätige» Kassenmitglieder bis 18 oder 19 Uhr??????? Da sitze ich schon seit 2 Stunden vor dem Kamin oder in der Sauna ... Oder um 8 Uhr morgens?»

«In eine Stunde passen auch 10 Chipsletten (Anspielung auf die Chipkarte der Kassenpatienten, d. Verf.), ***wenn's denn so sein soll. Und, Einrichtung einer Privatsprechstunde (...). Da kommt dann die Espressomaschine und der Wasserspender ins Wartezimmer, ‹Vogue› und ‹Golf aktuell› eh. Mache ich z. Zt. an meinem OP-Tag nachmittags, geht wie geschnitten Brot. (...) Kassenpipi (...) darf jemand anderes untersuchen.»***

«Chipslettenwinker nur im Notfall (bei mir heißt das, es muß Blut fliessen, eine Candida-Infektion (Pilzinfektion, d. Verf.) ***ist eine Lappalie und kann warten oder sich in der Apotheke re-***

zeptfreie Medikation kaufen.) WIR MÜSSEN ENDLICH MAL WIEDER ETWAS FÜR UNS TUN! DENN: ICH BIN ES MIR WERT!!»

Dr. med. Britta F.:
«Diese Patienten sind in Billigheimer-Kassen versichert und wollen bloß nix zusätzlich beim Arzt ausgeben müssen (aber für die Fluppen und HDTV reicht es immer).»

Dipl. med. Peter L.:
«CHIPSLETTE löst IMMER Wartezeit aus, d. h. jeder kommt, wie er will, und wartet, bis er dran ist. Und das während arztfreundlicher (NICHT patientenfreundlicher) offener Sprechzeiten. Und wenn Schluß ist, ist Schluß, dann geh ich in meine Mittagspause oder in den Feierabend. Oder ein KE (Kostenerstattung, d. Verf.) ***/Privatpatient kommt, dann ist der IMMER ZUERST dran.»***

«Die Armenkässlerin, die es halt auf Chipslette will, oder die 10 Euronen sparen (reine Vorsorge), die kriegt halt nur BILLIG! SIE WILL ES SO.»

«Alles darüber hinausgehende ist CASH, CASH, CASH.»

Dr. med. Georg F.:
«Es geht nicht an, dass sich ca. 90% der Gesellschaft in der Armenkasse eingenistet hat, und dort ihren Hintern nicht mehr hochkriegt, weil wir es ihr so bequem gemacht haben.»

Dr. med. Gunter L.:
«Der deutsche Kassenpatient wird selbst eine zweistündige Bahnreise auf sich nehmen und vorher 'ne halbe Stunde auf den Regionalbimmelzug warten, nur um auf Chipslette behandelt zu werden oder um die Praxisgebühr zu sparen oder um irgend einen «Kollegen» zu finden, der für Lau «ganz für seine Patienten da ist».»

Dr. med. Stefan T.:
«***Nein, ich habe mit den heutigen ‹Armen›, mit dem ‹Prekariat› keine Spur Mitleid. Die eigentliche Schande ist, dass unser Sozialstaat diese feiste Unterschicht erzeugt und unterhält.***»

Dr. med. Siegfried G.:
«***Wer ist denn der Benachteiligte, wenn man eine Misch-Sprechstunde macht: Der normale Kassenpatient. Der sitzt sich im Wartezimmer den Popo platt, weil die Privaten immer gleich drankommen.***»

«***Man kennt seine Pappenheimer doch irgendwann: Die einen wollen nie IGEL*** (Individuelle Gesundheitsleistungen, das sind medizinisch unsinnige Leistungen, die bar bezahlt werden müssen, d. Verf.), ***die anderen kommen alle 2 Jahre und möchten alle Maschinen glühen sehen.***»

«***Basistarif = ordinärer Kassenpatient – BASTA Viel Spass bei Verrecken!***»

Berthold X.:
«***Ich werde ums Verrecken keinen Patienten annehmen, der nach diesen zukünftigen «Tarifen» mit 'ner Plastik-Card kommen will. Die kann er gleich in den Zerhexler am Eingang stecken.***»

Dr. med. Franz N.:
«***Ich unterstütze weiterhin die Zweiklassenmedizin.***»

Albert H.:
«***Unsere Gegner sind die Patienten, die unsere Leistungen so Preiswert wie möglich, am liebsten umsonst bekommen wollen und hinten den Politikern mit dem Stimmzettel stehen. Die Patienten wollen den «Arzt umsonst», damit Geld für Urlaubsreisen, sau-***

fen, Fußballarenen, Freizeitspaß, Frührente, Blaumacherei usw. übrig bleibt.»

«Es bleibt uns nur eine Möglichkeit: Dem Pat. einmal kollektiv die Leistung zu verweigern, ob durch Streik oder totale Ablehnung, ohne Rücksicht auf seine Not, Notfall, Schwere der Erkrankung usw. Seine Krankheit ist sein Problem, nicht unseres.

Er muß sehr hart spüren, wie schlimm es ist, wenn er z. B. blutet und keiner geht hin! Er muß leiden.»

«An einem angekündigten Tag legen wir Chirurgen, alle gemeinsam, ohne Notversorgung und Notdienste die Skalpelle zur Seite, in ganzen Deutschland. (...) An einem anderen Tag sind die Frauenärzte dran. Die Wehen kommen, die Geburt geht nicht klar, die Hebamme kommt nicht weiter und der Frauenarzt ... keiner da! Schaaade! Dann die Anästhesisten. Die Milz ist zerrissen, der Verletzte verblutet, der Narkosearzt ist nicht da! Schaaade! Usw. (...) Es (das Volk, d. Verf.) *wird begreifen, dass der Arzt Geld kostet und zwar soviel wie dieser möchte (...).»*

«Wir behalten die Kassenzulassungen und behandeln die Kassenpatienten nur solange und soweit «Kapazitäten vorhanden» sind: Der Kassenpatient z. B. bekommt einen Termin zur Hämorrhoiden Operation nach zwei Jahren und sogar ein Rezept für eine gute Salbe, sein Nachbar, der Selbstzahler, wird sofort operiert!»

Dr. med. Hildegard N.:
«Aber wer beendet dieses endlose Anspruchsdenken dieser oft gar nicht wirklich kranken, unendlich jammernden, unbefriedigten gesetzlich krankenversicherten Gesellschaft, wenn nicht wir es tun?»

Dr. med. Bert U.:
«Praxis schließen, verrecken lassen, sonst kapiert's keiner.»

Niedergelassene Ärzte lassen es gesetzlich Versicherte immer stärker spüren, dass sie Patienten zweiter Klasse sind, obwohl kaum eine Praxis allein von Privatpatienten leben könnte und die gesetzlich Versicherten jedem niedergelassenen Arzt im Durchschnitt etwa 8000 Euro pro Monat einbringen. Gäbe es für alle Patienten das gleiche Honorar, wäre die oft unverschämte und herablassende Behandlung gesetzlich Versicherter in Deutschland undenkbar.

Gleichzeitig sind es die niedergelassenen Fachärzte, die verhindern, dass sich gesetzlich Versicherte auch an Krankenhausspezialisten für eine ambulante Behandlung wenden können. Sie wollen das Monopol auf Patienten, die sie zum Teil nicht zu würdigen wissen und oft schlecht behandeln. Dadurch entstehen Kosten für Über-, Unter- und Fehlbehandlung. Der Patient irrt ohne zutreffende Diagnose von Arzt zu Arzt, und oft rechnet jeder einzelne Arzt die volle Palette seines Untersuchungsspektrums ab. Kommt es bei dieser Überversorgung zu einer falschen Diagnose oder Therapieempfehlung, setzt eine für den Patienten schädliche Fehlversorgung ein. Und gleichzeitig unterbleibt die Behandlung der noch immer nicht festgestellten Krankheit: Das ist die entscheidende Unterversorgung.

Es darf daher nicht überraschen, dass wir bei keiner einzigen Volkskrankheit im internationalen Vergleich besonders gute Überlebensraten vorweisen können, obwohl unser Gesundheitssystem das drittteuerste der Welt ist. Da liegt die Vermutung nahe, dass auch die Lebenserwartung in unserem Land nicht überdurchschnittlich hoch ist. Und tatsächlich liegt Deutschland im internationalen Vergleich hinter Ländern wie der Schweiz, Spanien, Australien, Schweden, Kanada, Italien, Norwegen, Frankreich, Griechenland oder Österreich.[18] Und weil insbesondere die Sterblichkeit bei der koronaren Herzkrankheit in Deutschland nicht so stark gesenkt werden konnte wie in anderen westeuropäischen Staaten, steigt die Lebenserwartung bei uns auch langsamer an als in vergleichbaren Ländern.[19]

In der Fachwelt sind die Probleme bekannt. So stellte der damalige Präsident der Deutschen Krebsgesellschaft, Professor Lothar Weißbach, im Jahr 2000 fest, mit Brustkrebs sollte eine Frau aus Deutschland besser auswandern.[20] Und der nachfolgende Präsident Professor Klaus Höffken ergänzte 2002: «Therapieleitlinien für verschiedene Stadien und Prognosefaktoren beim Brustkrebs werden nur von 80 Prozent der Behandler gekannt, nur zu etwa 80 Prozent an den Patienten weiterempfohlen und letztlich auch nicht von allen Patienten befolgt.» Somit erhalte wahrscheinlich nur jede zweite Patientin die Therapie, die nach dem aktuellen Stand der Wissenschaft angeraten sei und optimale Behandlungsergebnisse erbringen könne.[21] Die Überlebensraten für Brustkrebserkrankte waren in Deutschland vor Einführung des Mammographie-Screenings daher auch niedriger als etwa in Finnland und der Schweiz.[22] Die flächendeckende Verbreitung von wissenschaftlichen Behandlungsempfehlungen findet bei uns gerade erst statt und steckt noch in den Kinderschuhen.[23]

Der Sachverständigenrat für das Gesundheitswesen kam in seinem Gutachten zu Über-, Unter- und Fehlversorgung zu dem Ergebnis, dass es in Deutschland in allen Bereichen noch gravierende Mängel bei der Versorgung chronisch Kranker gibt. Chronische Krankheiten sind die wichtigste Herausforderung an das deutsche Gesundheitssystem. Sie schränken die Lebensqualität der Betroffenen deutlich ein, stehen an der Spitze der Todesursachenstatistik und erzeugen hohe Kosten, insbesondere, wenn die Versorgung der Patienten nicht dem Stand der Wissenschaft entspricht.[24] Dann kommt es zu Komplikationen und Folgeerkrankungen, die häufig mit teuren Krankenhausaufenthalten und irreversiblen Gesundheitsschäden verbunden sind. In seiner Untersuchung der Versorgungssituation von sechs

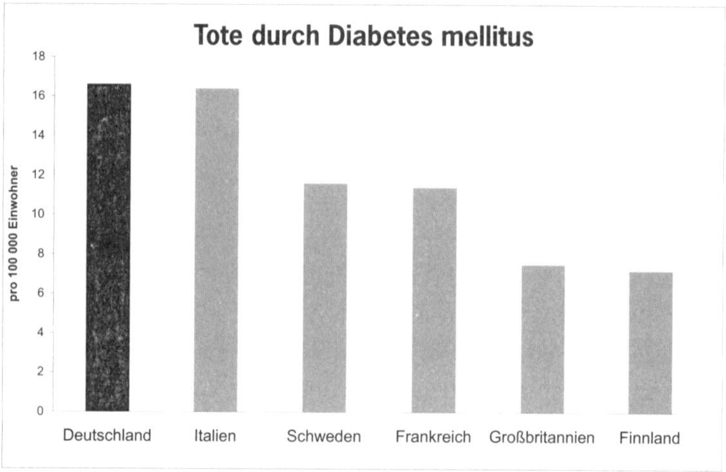

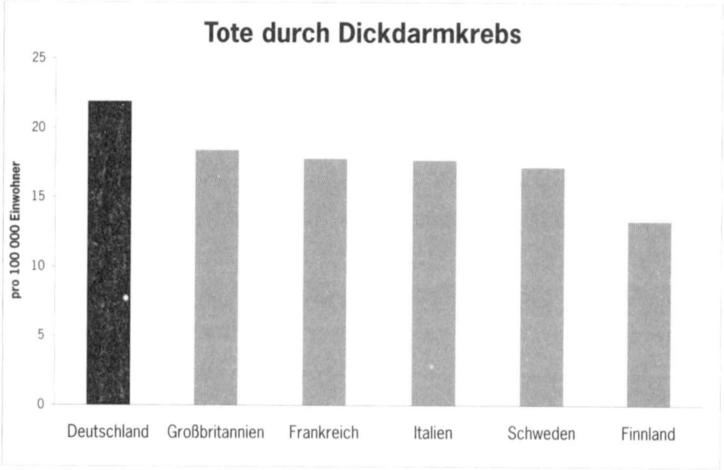

Quelle für alle 4 Abbildungen: OECD Health Data 2006 (Bezugsjahr 2004)

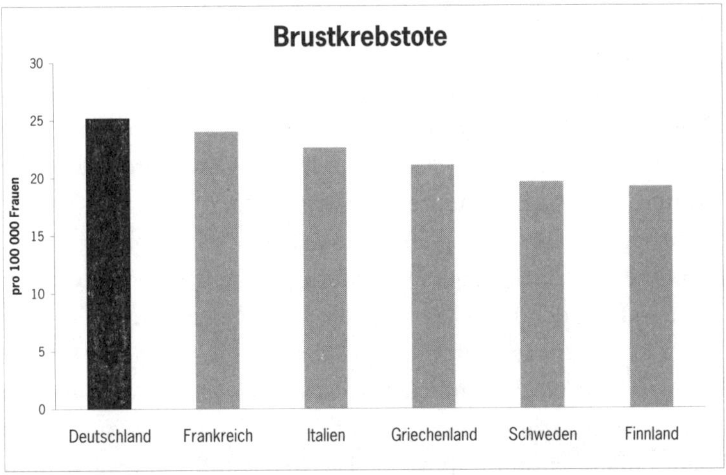

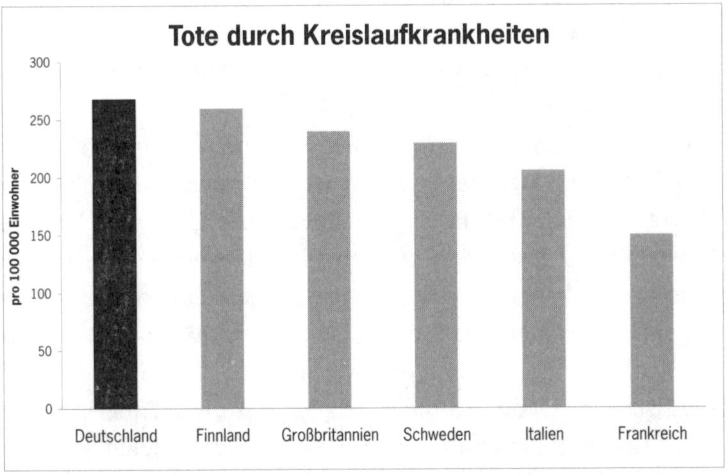

Abb. 11 bis 14: Bei den Volkskrankheiten weist Deutschland hohe Sterberaten auf.

chronischen Erkrankungen kommt der Sachverständigenrat zu dem Schluss, dass die Versorgung chronisch Kranker in vielen Fällen von den anerkannten und wissenschaftlich gesicherten Standards abweicht. Dies führt im internationalen Vergleich zu höheren Sterblichkeits- und Komplikationsraten trotz eines erhöhten Einsatzes von teurer Gerätemedizin.[25]

Beispielsweise ist die Sterblichkeit an der koronaren Herzkrankheit (dazu zählt der Herzinfarkt) in Deutschland zwischen dem Anfang der sechziger und der Mitte beziehungsweise dem Ende der neunziger Jahre um gut dreißig Prozent gesunken. In Ländern mit einem ähnlichen Ausgangsniveau ist sie hingegen um rund sechzig Prozent gesunken, und das, obwohl wir in Deutschland europaweit die meisten Herzkatheteruntersuchungen, bezogen auf die Bevölkerungszahl, durchführen. Ähnlich stellt sich die Situation bei der Zuckerkrankheit dar. Der Sachverständigenrat sieht hier «eine gravierende Lücke zwischen dem medizinisch Erreichbaren (bei Versorgung nach Stand der Wissenschaft) und den tatsächlich in der Alltagsversorgung erreichten Ergebnissen».[26]

Die Zweiklassenmedizin bei der Krebsbehandlung soll an einem typischen Beispiel erläutert werden. Der gesetzlich Versicherte bemerkt Blut im Urin und geht zum Urologen. Es wird Prostatakrebs festgestellt. Der niedergelassene Urologe überweist an die örtliche Klinik. Der Patient hat keine Ahnung, dass bei einer Prostataoperation viel davon abhängt, wie oft die Klinik den Eingriff vornimmt und wie stark der Operateur spezialisiert ist. Verschiedene Studien zeigen, dass die Männer seltener unter Inkontinenz und Impotenz leiden und schneller aus dem Krankenhaus entlassen werden können, wenn die Prostata von einem auf diesem Gebiet erfahrenen Urologen entfernt wird.[27] Amerikanische Fachgesellschaften empfehlen deshalb 55 Eingriffe pro Jahr und Krankenhaus – eine Quote, die in Deutschland nur ein Viertel der Kliniken, die Prostataoperationen durchführen, auch erreichen.[28] Vielmehr werden in Deutschland die Fälle so auf die Krankenhäuser verteilt, als ob die Forschung bewiesen hätte, dass die Ergebnisse der Operation um so besser wären, je weniger Erfahrung der Chirurg mit dem Eingriff hat.

Ergibt sich beim Patienten eine Komplikation, kann er beispielsweise seinen Harnabgang nicht mehr kontrollieren, geht er nach dem Eingriff zu dem niedergelassenen Urologen zurück, der schon die Diagnose erstellt hat. Dieser versucht jetzt, das Problem in den Griff zu kriegen. Dabei kommen auch andere niedergelassene Kollegen zum Einsatz. Für alle Beteiligten ist ein solcher Fall schwierig. Der niedergelassene Urologe hat die Operation nicht durchgeführt, in der Regel operiert er überhaupt nicht mehr. Er kennt den Verlauf des Falls nur aus der Akte, die er oft erst mit wochenlanger Verspätung bekommt, und fühlt sich für die Folgeerkrankung vielleicht gar nicht verantwortlich. Der Operateur verliert den Fall aus den Augen, es sei denn, der Patient muss erneut operiert werden und kommt tatsächlich ausgerechnet zu diesem Arzt zurück. Die niedergelassenen Ärzte, die jetzt versuchen, die Komplikation zu behandeln, etwa ein Röntgenarzt, der Urologe und ein Spezialist für Innere Medizin, besprechen den Fall niemals gemeinsam, sie tauschen nur Befunde aus. Richtig zuständig fühlt sich niemand, bestenfalls der Hausarzt, der aber mit solchen Fällen noch die wenigste Erfahrung überhaupt hat.

In den USA, den skandinavischen Ländern und den Niederlanden würde der Fall anders ablaufen. Die Behandlung würde in der Regel in einem Zentrum für Prostatakrebs durchgeführt, die Komplikationsrate fiele wahrscheinlich niedriger aus. Wenn es zu einer Komplikation käme, würde sie auch weiter in dem Krebszentrum behandelt, wo viele Fachgruppen zusammenarbeiten und in gemeinsamen Konferenzen den Fall besprechen. Der Operateur, der die Komplikation verursachte, stünde weiter in der Verantwortung und müsste die Behandlung zur Beseitigung der Komplikation fortführen.

Diese Versorgung durch Spezialisten aus einer Hand hat sich nicht nur als besser, sondern auch als kostengünstiger erwiesen. Sie steht aber in Deutschland fast ausschließlich den privat Versicherten zur Verfügung, weil sie die Ärzte frei auswählen können und die Fachleute sie gerne behandeln. Im Fall von Komplikationen können sie daher auch nach dem Eingriff von dem Arzt ambulant weiterbetreut werden, der sie operiert hat.

Der gesetzlich versicherte Patient wird dagegen nach Auftreten einer Komplikation «durch das System gereicht». Dabei gerät er oft an Ärzte, die mit Fällen wie seinem keine oder zu wenig Erfahrung haben. Ist seine Behandlung aufwendig und durch die Budgets der niedergelassenen Ärzte nicht gedeckt, überweist man ihn phasenweise in das Krankenhaus zurück, um die im ambulanten Bereich nicht kostendeckenden Eingriffe dort abzurechnen. Die Drehtürmedizin beginnt, das heißt, anlässlich einer jeden weiteren Verschlechterung seines Leidens wechselt er vom niedergelassenen in den stationären Bereich. Oft liegt dazwischen noch ein Aufenthalt in einer ortsfernen Rehabilitationsklinik.

Um die Zusammenarbeit zwischen niedergelassenen und Krankenhausärzten für Kassenpatienten zu verbessern, hat der Gesetzgeber den Kliniken 2003 erlaubt, die besonders schweren Fälle gesetzlich Versicherter auch ambulant zu behandeln.[29] Damit wollte man vor allem die gesetzlich versicherten Krebspatienten schützen. Die Härte der Abfuhr, die diesen Kranken von den Krankenhausfachärzten daraufhin erteilt wurde, hat selbst Kenner der Szene überrascht. In ganz Deutschland wurde für weniger als ein Prozent der betroffenen Patienten die entsprechende Behandlung beantragt. Es sei für sie unzumutbar, ließen sie verlauten, von schwerstkranken Kassenpatienten überflutet zu werden, weil es sich für sie nicht lohnen und ihnen die Zeit für Privatpatienten stehlen würde. Einen juristischen Schein wahrend, verdeutlichte die Bundesärztekammer in einem Beitrag für das «Deutsche Ärzteblatt» ihre Kritik: «Die Einbeziehung der ambulanten Behandlung und Beratung von Patienten der Gesetzlichen Krankenversicherung (GKV) und sonstiger Kostenträger aufgrund einer persönlichen Ermächtigung in den Dienstaufgabenkatalog (der Chefärzte, d. Verf.) stößt zudem auf rechtliche Bedenken.»[30] Leider haben auch die Krankenkassen am Abschluss solcher Verträge kaum Interesse gezeigt. Daher war hier der Gesetzgeber gefragt, um dieses Problem zu lösen, wie noch gezeigt wird.

Solange Strategien zur Einkommensmaximierung der Chef- und Fachärzte unsere Reformen derart bestimmen und diese Gruppen faktisch Vetorechte bei der Umsetzung jeder Gesundheitsreform haben, wird unsere Medizin ungerecht, mittelmäßig und teuer bleiben. In unserem Zweiklassen-Gesundheitssystem bezahlt der Bürger einen Mercedes und fährt einen Golf, damit einige wenige Privilegierte im Rolls-Royce chauffiert werden können.

Die mittlere Einkommensgruppe als Melkkuh des Systems

Das System der Zweiklassenmedizin zeigt aber nicht nur enttäuschende Behandlungsergebnisse im internationalen Vergleich, es ist zudem höchst ungerecht finanziert. Die Beiträge werden fast nur von abhängig Beschäftigten und von Rentnern erbracht. Das sogenannte Solidarsystem wird bei näherer Betrachtung völlig unsolidarisch bezahlt, weil Einkommen aus Kapitalvermögen, Vermietung, Verpachtung und aus selbständiger Tätigkeit nicht oder nur zu einem geringen Anteil berücksichtigt werden. Der Staat könnte diese Einkommen entweder direkt für

Beiträge heranziehen oder zusätzliche Steuern zur Senkung der Beitragssätze erheben.

Die Beitragseinnahmen der Kassen hinken der Entwicklung des Volkseinkommens aber nicht nur wegen der stärkeren Bedeutung anderer Einkommen hinterher, sondern auch weil Lohn und Gehalt nicht ganz ausgeschöpft werden. Die Einkommen werden ja lediglich bis zur Beitragsbemessungsgrenze von 3562,50 Euro monatlichem Bruttoeinkommen aus abhängiger sozialversicherungspflichtiger Erwerbsarbeit voll belastet[31], darüber hinausgehende Verdienste sind beitragsfrei. Weil sich die Lohnschere als Folge der Globalisierung auch in Deutschland weiter geöffnet hat, stagnieren aber die unteren und mittleren Einkommen, während die höheren Einkommen noch steigen. Deshalb konzentriert sich die Beitragslast immer mehr auf diejenigen Beschäftigten, deren Löhne ohnedies am geringsten wachsen.

Jeder Gesundheitspolitiker weiß natürlich von der Ungerechtigkeit, dass die Beiträge unterhalb der Bemessungsgrenze ständig steigen müssen, weil die höheren Einkommen nur unterdurchschnittlich belastet werden. Trotzdem ändert sich seit Jahren nichts. Die Gutverdiener sollen gemolken, aber nicht von der Wiese vertrieben werden. Die Ungerechtigkeit der Überlastung der mittleren und der relativ geringeren Belastung der höheren Einkommen wird damit begründet, dass sich die höheren Einkommensgruppen ganz aus der Solidarität – sprich in die Private Krankenversicherung – verabschieden könnten. Unrecht soll größeres Unrecht vermeiden.

Deshalb muss auch noch verschwiegen werden, dass die relativ gut verdienenden Melkkühe zwar viel bezahlen, aber trotzdem Opfer der Zweiklassenmedizin sind, die daher tabuisiert wird. In Zukunft sollen einkommensstarke Kassenpatienten mit ein paar Wahltarifen für unnütze Therapieformen (umstrittene oder überflüssige Verfahren) und mit kleinen Beitragsrückzahlungen bei der Stange gehalten werden. Die den Krankenkassen so entgangenen Einnahmen müssen durch die anderen gesetzlich Versicherten mitbezahlt werden, denn es wird ja nicht weniger ausgegeben, wenn die Gesunden einen Teil ihrer Beiträge zurückbekommen.

Die Zweiklassenmedizin und deren ungerechte Finanzierung zu tabuisieren ist eine vergebliche Strategie. Die Bürger werden zunehmend merken, dass die unteren und mittleren Lohngruppen und die Rentner alles zahlen, also auch die Behandlung derer, die den vollen Schutz der gesetzlichen Krankenkassen genießen, selbst aber kein ausreichendes Einkommen haben. Dazu zählen mitversicherte Ehefrauen und Kinder so gut wie Arbeitslose oder Sozialhilfeempfänger. Für einen Hartz-IV-Empfänger erhält die gesetzliche Krankenkasse 117 Euro pro Monat vom Staat.[32] Jedoch sind etwa arbeitslose Männer im Vergleich zu nicht arbeitslosen Männern mehr als doppelt so viele Tage im Jahr im Krankenhaus.[33] Diese Differenz zwischen niedrigen Beiträgen und hohen Ausgaben wird von den gesetzlich Versicherten mit mittlerem und höherem Einkommen ausgeglichen. Privat Versicherte beteiligen sich nicht an diesem Sozialtransfer, sie bezahlen lediglich ihr in der Regel niedriges Krankheitsrisiko.

Nach Berechnungen des Instituts für Gesundheitsökonomie und Klinische Epidemiologie (IGKE) der Universität zu Köln wechseln 43 Prozent der freiwillig Versicherten tatsächlich irgendwann in die Private Krankenversicherung (Jahr 2004). Immerhin 57 Prozent wechseln nicht, obwohl sie könnten. Diese Versicherten beteiligen sich überproportional am Solidarausgleich in der Gesetzlichen Krankenversicherung, obwohl sie es rechtlich nicht müssten. Womöglich haben sie Kinder und werden von der kostenlosen Familienmitversicherung begünstigt, oder sie leiden an chronischen Erkrankungen oder sind schon zu alt, um noch sinnvoll in die private Krankenkasse wechseln zu können. Es ist einem Gastwissenschaftler aus anderen Teilen Europas oder den USA nicht leicht zu erklären, wie das deutsche Gesundheitssystem sich international als Vorbild der Solidarität halten kann, wenn die Lasten der Schwachen von den Beamten sowie den gutverdienenden Selbständigen und Angestellten nicht oder nur minimal mitbezahlt werden, derweil von Arbeitern, kleinen und mittleren Angestellten volle Solidarität vom ersten Euro an gefordert wird.

Dieses System kann nur überleben, wenn man nicht darüber nachdenkt oder spricht. Die Beitragssätze werden ohne echte Reform in Zukunft in dem Maß weiter steigen, in dem der Anteil von Lohn und Gehalt unterhalb der Beitragsbemessungsgrenze am Volkseinkommen weiter zurückgeht. Sie geraten aber in den nächsten Jahrzehnten zusätzlich unter Druck, weil die medizinischen Kosten pro Kopf deutlich steigen, die Bevölkerung stetig älter und die Zahl der abhängig beschäftigten Menschen entsprechend kleiner wird. Wenn diese vier Faktoren zusammenwirken, können sich die Beiträge nach Berechnungen des IGKE leicht bis auf zwanzig Prozent im Jahre 2030 erhöhen.

Auch wenn vor einer Dramatisierung der Kostensteigerung nur gewarnt werden kann, ist es ökonomisch unstrittig, dass das System nicht weiter so finanziert werden kann wie jetzt. Beitragssätze von mehr als zwanzig Prozent sind weder für den Arbeitsmarkt noch unter dem Gesichtspunkt der sozialen Gerechtigkeit vertretbar. Die Lohnnebenkosten würden auf 45 bis 50 Prozent steigen. Außerdem stellt sich die Frage, wie es zu verteidigen ist, dass ein Arbeitnehmer mit 3800 Euro Einkommen schon heute etwa 550 Euro Beitrag (einschließlich Arbeitgeberanteil) zahlt, von denen etwa 250 Euro verwendet werden, um damit die medizinische Versorgung der Einkommensschwachen zu finanzieren, während ein privat Versicherter mit genau dem gleichen Einkommen nicht einen einzigen Euro für die Solidargemeinschaft aufbringt und das Geld ganz dafür ausgeben kann, sich selbst eine bessere medizinische Behandlung zu kaufen und sogar noch etwas fürs eigene Alter zurückzulegen.

Das parasitäre Geschäftsmodell der Privaten Krankenversicherung

Würden sich die privat Versicherten genauso wie gleich gut verdienende gesetzlich Versicherte an der Finanzierung der Versorgung der Einkommensschwachen beteiligen, wären die Beitragssätze der gesetzlichen Kassen deutlich niedriger, die Privaten Krankenversicherungen aber wesentlich teurer. Die Private Krankenversicherung kann ihre Tarife nur attraktiv gestalten, weil die dort Versicherten das Solidarsystem in keiner Weise mitbezahlen. Wären die Beiträge sozial gerecht - und damit etwa doppelt so teuer -, könnten wohl nur die wenigsten jungen Menschen in die Private Krankenversicherung gelockt werden.

Die privat Versicherten wollen am Risikostrukturausgleich der Gutverdiener für die gesetzlichen Krankenkassen nicht teilnehmen, damit ihre Versorgung teurer und besser und gleichzeitig bezahlbar bleiben kann. Von dem Geld dieses Risikostrukturausgleichs werden die Gesundheitskosten der Einkommensschwachen und der Rentner in den gesetzlichen Krankenkassen mit bezahlt. Diese Menschen wären nie in der Lage, Beitragssätze zu bezahlen, die ihre Gesundheitskosten auch nur zur Hälfte abdecken. Die Einkommensstarken in der gesetzlichen Krankenkasse erbringen diese Kosten, die privat Versicherten mit dem gleichen oder einem höheren Einkommen beteiligen sich mit keinem Cent.

Die Private Krankenversicherung ist daher ein System, welches Jahr für Jahr mit 9,7 Milliarden Euro von den Versicherten der Gesetzlichen Krankenversicherung subventioniert wird.

Das ist nämlich der Betrag, den die privat Versicherten in das Solidarsystem zahlen müssten, würden sie sich wie die gesetzlichen Kassen beteiligen.[34] Sie ist eine Art Steuerschlupfloch für Reiche in der Krankenversicherung und müsste genauso konsequent dichtgemacht werden wie andere Steuerschlupflöcher. Der gesetzlich Versicherte, der freiwillig bei hohem Einkommen Monat für Monat mehr als 250 Euro in die Solidarität zahlt, muss im Falle einer Erkrankung im Wartezimmer ausharren, bis der Privatpatient, der sich um diese Zahlung drückt, fertig behandelt wurde. Danach muss er sich vom Arzt oft behandeln lassen, als ob er der Ausnutzer des Systems wäre, nur weil er für den Arzt nicht so lukrativ ist.

Bei der Verteidigung dieser Ungerechtigkeit gehen Ärztefunktionäre und die Private Krankenversicherung leider geschlossen vor. Die Private Krankenversicherung bezahlt die Ärzte besser, daher ist ihr Erhalt oft das einzige gesundheitspolitische Ziel der Ärztefunktionäre. Es ist eine Schande für die deutsche

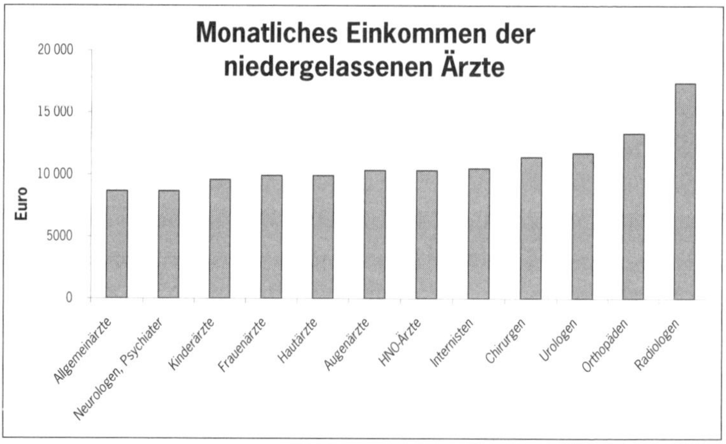

Quelle: Statistisches Bundesamt, Fachserie 2 Reihe 1.6.1: «Kostenstruktur bei Arzt-, Zahnarzt- und Tierarztpraxen», Juli 2006 (Angaben für Einzelpraxen)

Abb. 15: Nach Abzug aller Personal- und Praxiskosten verdient ein niedergelassener Arzt im Durchschnitt 10 500 Euro vor Steuern.

Ärzteschaft, dass sie mit allen Mitteln die Zweiklassenmedizin verteidigt, weil sie sonst Einkommenseinbußen befürchtet. Im Durchschnitt verdient ein niedergelassener Arzt in Deutschland circa 10500 Euro.[35] Der durchschnittliche Arbeitnehmerbruttoverdienst liegt bei 2190 Euro.[36] Rund 22 Prozent ihres Einkommens erwirtschaften die Ärzte mit zehn Prozent ihrer Versicherten, den Privatpatienten.[37] Aber da immer mehr Mediziner nur noch privat abrechnen, klafft auch das Einkommen der Ärzte weit auseinander.

Zum Glück gibt es auch Ärzte, die nicht von der Zweiklassenmedizin korrumpiert werden und alle Patienten gleich behandeln. Leider hört man von ihnen zu wenig Kritik am Verhalten ihrer Kollegen. Die Zweiklassenmedizin bestraft aber ausgerechnet die Ärzte, die das größte soziale Engagement mitbringen und bewusst in schwierigen Städten oder Armenvierteln arbeiten. Ärzte, die in den Stadtteilen praktizieren, in denen es viele Problempatienten und wenige Privatversicherte gibt, sind in jeder Beziehung die Verlierer des Systems. Die Zweiklassenmedizin bestraft ausgerechnet die Mediziner, die mit den höchsten ethischen Standards für sozial schwächere Menschen arbeiten. Der Facharzt am Starnberger See macht mit relativ leichten Fällen ein Vermögen, während der engagierte Arzt in Neukölln manchmal um seine Existenz kämpft. Er hat schwerere Fälle, die sich wegen begleitender sozialer oder sprachlicher Probleme nur mit mehr Aufwand behandeln lassen, erntet oft wenig Dank seiner Patienten, arbeitet länger und verdient nur die Hälfte im Vergleich zu seinen Kollegen. Trotzdem muss er sich von seinen eigenen Funktionären die Leier von der Notwendigkeit der Zweiklassenmedizin anhören, weil sonst alle Arztpraxen in die Pleite gingen, während es in Wirklichkeit darum geht, dass die Kollegen mit vielen Privatversicherten gut verdienen.

Es ist schade, dass man aus der deutschen Ärzteschaft insgesamt so wenige Forderungen zum Abbau der Zweiklassenmedizin hört, obgleich deren Existenz im Unterschied zu den allermeisten Politikern von den Medizinern keineswegs bestritten wird, wie nicht nur das genannte Internet-Forum zeigt. Die Private Krankenversicherung behauptet sogar, sie subventioniere das System, weil ihre Versicherten für die ärztliche Behandlung um 130 Prozent erhöhte Honorare bezahlten. Für das Jahr 2004 beliefen sich diese Mehrausgaben ihren Angaben zufolge auf 4,1 Milliarden Euro.[38] Was aber hat der gesetzlich Versicherte davon, wenn er beim Arzt länger warten muss, damit ein Privatpatient bevorzugt und aufwendiger behandelt wird und der Arzt mehr daran verdient? Die Private Krankenversicherung subventioniert nicht das System, sondern bezahlt nur die Luxusversorgung ihrer Versicherten und profitiert von der Subvention durch die ihren Mitgliedern erlassenen Solidarbeiträge.

In den Krankenhäusern werden fast alle Geräte, die gesamte Infrastruktur der Klinik und der größte Teil des betreuenden Personals von den Kassenpatienten beziehungsweise durch Steuergelder bezahlt. Die Privatpatienten werden in diesem System mitbehandelt. Ihr Honorar fließt dabei zum größten Teil den Ärzten zu, die oft auch noch von dringenderer Arbeit abgehalten werden. Trotzdem wird von Subvention gesprochen.

Wenn jeder Arzt oder jede Klinik entweder nur gesetzlich Versicherte oder nur privat Versicherte behandeln dürfte, wäre das private System in kürzester Zeit am Ende. In einem solchen System wäre jede Quersubvention ausgeschlossen, und schnell würde klar, in wie vielen Bereichen das private System parasitär vom gesetzlichen lebt. Gemeint sind hier nicht die Versicherten, sondern die Unternehmen. Sie wären nicht in der Lage, eine Krankenhausversorgung für ihre Patienten auch nur im Ansatz sicherzustellen. Sie nutzen die Infrastruktur der gesetzlichen Kassen und bezeichnen das sie bewirtende System auch noch als marode.

Dabei wachsen die Kosten der Privaten Krankenversicherung doppelt so schnell wie die der gesetzlichen Krankenkassen, und ihr Verwaltungsapparat ist doppelt so teuer. 2004 kostete ein Vertragsabschluss in der Privaten Krankenversicherung durchschnittlich 3946 Euro, verglichen mit nur 17 Euro bei den Gesetzlichen Krankenversicherungen.[39] Ähnliches gilt für die Entwicklung der Leistungsausgaben pro Versichertem. Zwischen 1985 und 2001 haben sich diese in der Privaten Krankenversicherung je Vollversichertem um 122,1 Prozent erhöht, in der Gesetzlichen Krankenversicherung dagegen nur um 67 Prozent. Wären die Ausgaben der Gesetzlichen Krankenversicherung im gleichen Maß wie die der Privaten Krankenversicherung gestiegen, so hätte Berechnungen zufolge der durchschnittliche Beitragssatz 2003 um circa 3,5 Prozentpunkte höher gelegen.[40]

Die Private Krankenversicherung kann politisch nur überleben, weil die meisten Entscheidungsträger in Deutschland dort versichert sind: Politiker, Professoren, Spitzenbeamte der Regierung, Unternehmer, Fernsehmacher und Journalisten. Die niedergelassenen Ärzte, die Chefärzte, die Universitätsprofessoren, zahlreiche Gutachter im Gesundheitswesen und Sachverständige, die Pharmaindustrie und die Medizinprodukte-Industrie wollen die Zweiklassenmedizin durch die Private Krankenversicherung, weil sie höhere Gewinne bringt.

Politik und Private Krankenversicherung arbeiten oft Hand in Hand. Es gibt zahlreiche Beispiele der finanziellen Kooperation zwischen privaten Krankenkassen und der Politik. Als sich ein Tagungstermin der Rürup-Kommission mit der Sitzung des Aufsichtsrates einer großen privaten Versicherung überschnitt, mussten wir den Termin verschieben, weil einige Mitglieder die Sitzung des Konzerns nicht verpassen wollten. Im Rahmen der Verhandlungen der Großen Koalition zur Gesundheitsreform 2006 wurde von den Verhandlungsteilnehmern kein einziger

Lobbyverband direkt angehört, auch keine einzige gesetzliche Kasse. Die große Ausnahme war die Private Krankenversicherung, deren Vorschläge zur Gesundheitsreform wir aus dem Munde der höchsten Verbandslobbyisten über Stunden hinweg anhören mussten.

Als im Bundesrat die aktuelle Gesundheitsreform beschlossen wurde, stimmte dem am Ende auch der Hauptkritiker aus den Ländern, Ministerpräsident Edmund Stoiber (CSU), zu. Mit den Worten «Entscheidend war für uns und für mich der Erhalt der Privaten Krankenversicherung» äußerte er sich offenbar erleichtert darüber, dass die Private Krankenversicherung mit ihrem gewinnbringenden Geschäft erhalten bleibt.[41] Dann, so könnte man sagen, ist ja alles in Butter. Das wichtigste Ziel wurde erreicht. Zahlreiche Verschlechterungen für die gesetzlich Versicherten bedurften für ihn keiner Erwähnung, für die Privilegierten geht es weiter wie gehabt, das ist die Hauptsache.

Unsaubere Praktiken der Pharmaindustrie

Neben der Zweiklassenmedizin leidet das deutsche Gesundheitssystem auch an einigen Dauerunwirtschaftlichkeiten, die zum Teil seit Jahrzehnten nicht beseitigt werden können, weil die Lobbygruppen so stark sind. 345 aller auf der Lobbyliste des Deutschen Bundestags stehenden Verbände sind im Gesundheitswesen tätig. Weil die Lobbyisten selten gegeneinander in Position gebracht werden können, tragen sie ihre internen Konflikte meist auf dem Rücken der Patienten aus.

Die Stärke der Lobbyisten soll zuerst am Beispiel der Pharmaindustrie gezeigt werden. Beginnen wir mit dem seltenen Fall eines Konfliktes zwischen Lobbyisten. Er ereignete sich 2005, als Peter Kraus, der Vorsitzende des «Deutschen Generikaverbands», gegenüber der Presse bestätigte, dass mehrere hundert

Millionen Euro im Jahr verschwendet würden, weil viele Firmen ihre Nachahmermedikamente, die Generika, trotz billiger Konkurrenzprodukte weiter teuer verkaufen wollten und dies unter anderem durch Geschenke an die Apotheker erreichten.[42] Über sogenannte Naturalrabatte, das sind gratis vom Pharmavertreter an den Apotheker oder Arzt abgegebene Packungen von Arzneimitteln, stellten die Wucherfirmen sicher, dass die Apotheker nicht wie gesetzlich vorgesehen die preiswerteren Arzneimittel abgaben, sondern die zum Teil dreimal so teuren alternativen Produkte ebendieser Firmen.

Dieses absurde System hatte dazu geführt, dass selbst die Generika in Deutschland etwa doppelt so teuer wie in Kanada oder den USA verkauft wurden. Das war so ähnlich, als ob man in Deutschland Gebrauchtwagen durch Bestechung der Händler mit besonders viel Gewinn verkaufen könnte. Weil allein mit Nachahmerprodukten so viel Geld verdient werden konnte, gab es wenig Anreiz, in die Erforschung neuer Medikamente zu investieren - der Forschungsstandort Deutschland litt darunter. Das System funktionierte, weil der Apotheker für jede vom Hersteller gekaufte Packung eine weitere geschenkt bekam und diese zu Lasten der Krankenkasse voll abrechnen konnte, obwohl er sie gratis erhalten hatte - eine indirekte Form der Bestechung der Apotheker, die aber in ganz Deutschland praktiziert wurde. Zum Schluss war das System so verrückt, dass der Apotheker für eine Packung bis zu drei Packungen geschenkt bekam.[43]

Der die Praxis dann kritisierende Verbandsvertreter Kraus sprach für jene Hersteller, die von dem System Schaden nahmen, weil sie die billigeren Produkte anboten, die jetzt nicht über die Ladentheke gingen. Indirekt bestätigte er das gängige Geschäft. Nur wenige Tage später verlor er seinen Job. Er hatte gegen das eisern gepflegte Prinzip verstoßen, dass sich die Lobbyisten im Gesundheitssystem in Berlin nicht in die Quere kommen dürfen. Es muss immer einen dritten Weg geben – einen Weg, von dem alle «Leistungs»anbieter profitieren und für den der Versicherte und der Patient zusätzlich bezahlen. In der Folge wurden die Naturalrabatte für die Apotheker verboten.

Die Apotheker bestritten zunächst das allgemein Bekannte[44], aber es half alles nichts. Gleich in den ersten Monaten nach Inkrafttreten des Verbots 2006 sind die Preise für Nachahmermedikamente in Deutschland um circa zwanzig Prozent gesunken.[45] Den Apothekern entstand kein Schaden, weil sie anders belohnt wurden. Die Firmen kaufen heute etwa Werbefläche im Schaufenster der Apotheke nach der Größe des Umsatzes. Plötzlich können wenige Quadratzentimeter ein kleines Vermögen wert sein. Die Rechnung zahlen wieder einmal die Versicherten.

Entgegen der Behauptung der Lobbyisten gibt es derzeit auch keine zusätzliche Belastung durch mehr ältere Menschen. Im Moment kommen weniger Rentner in die Jahre schwerer Krankheit, weil es um den Zweiten Weltkrieg herum einen Geburtenknick gab, der sich jetzt auswirkt. Stattdessen haben die Preise stark angezogen. Es werden nun weniger Patienten teurer behandelt. Dabei steigt die Qualität der Behandlung in den meisten Fällen nicht, weil die besonders teuren Medikamente oft sogenannte Scheininnovationen sind.

Eine Scheininnovation ist ein neues Medikament, das in seiner chemischen Struktur fast identisch mit einem älteren Arzneimittel ist. Es wird als große Innovation eingeführt, wirkt aber oft bestenfalls so gut wie das bereits vorhandene Medikament. Häufig hat es ungeahnte Nebenwirkungen. Gerade zu dem Zeitpunkt, wo man die Wirkung und Nebenwirkung des Vorgängers recht gut kennt und die Preise sinken, weil das Patent ausläuft, kommt ein anderer Hersteller oder gar dieselbe Firma mit einem minimal veränderten Arzneimittel auf den Markt. Damit können sichere Medikamente durch weniger sichere ausgetauscht werden, nur damit die Preise steigen.

Dann schlägt die Stunde der habilitierten Mietmäuler, die erklären, dass das neue Medikament eine riesige Verbesserung darstelle. In diesem ethisch suspekten Markt erzielen wir bei den deutschen Arzneimittelverordnungen leider die größten Umsatzzuwächse. Und zwar nicht über eine Erhöhung der Patientenzahl, sondern allein über den Preis. Insgesamt gilt hier: Je teurer das Arzneimittel, desto größer der Umsatzzuwachs. Während bei uns mehr als die Hälfte der Patienten mit Bluthochdruck gar nicht behandelt wird, bekommt die andere Hälfte oft Medikamente, die viel kostspieliger als gleichwertige Alternativen sind.[46] Trotz enormer Ausgaben sind unsere Behandlungsergebnisse im Bereich des Bluthochdrucks im internationalen Vergleich darum eher schlecht. [47]

Deshalb erleiden bei uns überdurchschnittlich viele Menschen einen Schlaganfall mit oft katastrophalen Folgen. Dabei wäre es möglich, mehr Patienten mit geringeren Kosten zu versorgen. So könnten Tausende Schlaganfälle pro Jahr vermieden

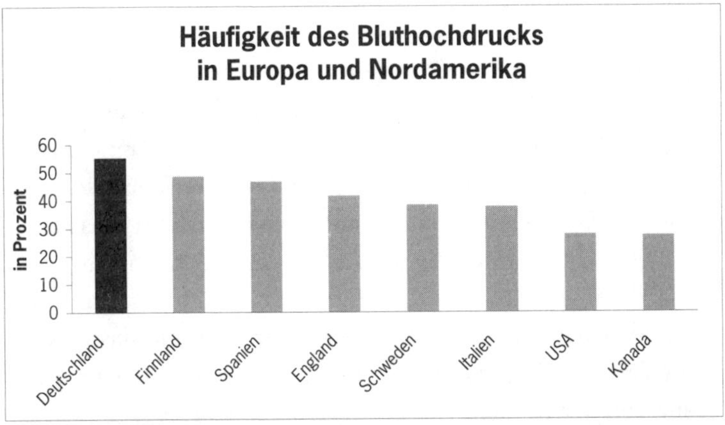

Quelle: Wolf-Maier, K., et al. (2003): «Hypertension prevalence and blood pressure levels in 6 European Countries, Canada, and the United States». Journal of the American Medical Association 289 (18)

Abb. 16: Die medikamentöse Behandlung des Bluthochdrucks erfolgt und gelingt in Deutschland zu selten.

werden.[48] Dies wäre ein unvorstellbarer Gewinn für die Betroffenen und ihre Familien, ist doch ein Viertel aller Menschen nach einem Schlaganfall schwer behindert. Trotzdem dominiert das System der teuren Behandlung weniger über das der wirtschaftlichen Behandlung vieler. Wie ist das möglich?

Eine große Rolle spielt dabei die Tatsache, dass die Ärzte für die Verschreibung besonders teurer Arzneimittel von der Herstellerfirma Geld bekommen. Da eine direkte Zahlung für die Verordnung nicht erlaubt ist, wird das Geld in der Regel durch sogenannte Anwendungsbeobachtungen (AWB) ausgeschüttet. Die indirekte Bestechung wird auf diese Weise gesetzlich toleriert. Der Arzt bekommt für die Verschreibung des teuren Medikaments ohne gesicherten zusätzlichen medizinischen Nutzen Geld für die angebliche Teilnahme an einer Studie, in der die Anwendung des Medikaments beim Patienten dokumentiert wird. Wissenschaftlich sind diese Studien ohne jeden Wert und werden, wenn überhaupt, dann nur für Marketingzwecke ausgewertet.

Diese Pseudostudien setzten in vielerlei Hinsicht eine moralisch unakzeptable Verhaltensweise des Arztes voraus. Er muss sich selbst weismachen, er bekäme das Geld nicht für die Verschreibung des teuren Medikaments, sondern für seine wissenschaftliche Arbeit. Kein Arzt ist so dumm, dies nicht zu durchschauen. Dazu kommt, dass der Patient nie erfährt, dass er an einer Studie teilnimmt. Er wird weder gefragt noch informiert. Seine Daten gehen ohne sein Wissen an die Pharmafirma. Vor allem aber wird er nie erfahren, dass der Arzt ihm das Medikament gar nicht erst verordnet hätte, wenn er statt von dieser Firma von der Konkurrenz Geld kassieren würde.

Der Patient glaubt, die Auswahl des Medikaments sei nach medizinischen Kriterien erfolgt. Macht die Krankenkasse dann bei der Erstattung Probleme, behauptet der Arzt, die Kasse wolle sparen und das notwendige Medikament nicht bezahlen. Oft ist der Patient so naiv und begleicht die Differenz zum billigeren Medikament aus eigener Tasche, ohne je zu ahnen, dass dies allein dem Arzt nützt, der damit die Anwendungsbeobachtung weiter abrechnen kann. Sie bringt in der Regel etwa 100 bis 300 Euro pro Patient. Der Einsatz teurer Scheininnovationen, zu denen es preiswertere Alternativen gäbe, kostete das deutsche Gesundheitssystem im Jahr 2005 1,6 Milliarden Euro.[49]

Die sauberste Lösung wäre also, die Praxis der Anwendungsbeobachtungen genau wie zuvor die Gewährung von Naturalrabatten für Apotheker zu verbieten. Das war aber in der 2007 beschlossenen Gesundheitsreform trotz Diskussion nicht möglich. Noch nie ist meines Wissens durch eine Anwendungsbeobachtung neuer Arzneimittel in Deutschland ein auch noch so kleiner medizinischer Fortschritt erzielt worden. Weil aber die Ärzte und die Pharmafirmen unter keinen Umständen auf dieses Instrument verzichten wollen, konnte es nicht abgeschafft werden. In diesem Fall waren es CDU und CSU, die blockierten.

Auch die Verbände der «Patientenvertreter» beklagen diese unmoralische Praxis nicht, sondern verteidigen sie, weil einige von ihnen fest in der Hand der Pharmaindustrie, wenn nicht sogar einzelner Hersteller sind. Als vor kurzem die AOK Baden-Württemberg ankündigte, Ärzten für die Verschreibung preisgünstiger Arzneimittel eine Beteiligung an den Einsparungen zu gewähren, protestierten in der Szene bekannte «Patientenvertreter» sofort heftig.[50] Für teure und unwirtschaftliche Arzneimittel darf der Arzt von der Pharmaindustrie belohnt werden, Geld von der Kasse für ein auf Ausschreibungen und Wettbewerb basierendes transparentes System wirtschaftlicher Verordnungen lehnen die «Patientenvertreter» ab.[51]

Die Praxis der Verschreibung überteuerter Arzneimittel ist besonders in den neuen Bundesländern sehr weit verbreitet. So sind in den neuen Ländern die Medikamentenausgaben je Kassenmitglied um mehr als 50 Prozent stärker gestiegen als im Westen.[52] Die Pharmafirmen nutzen aus, dass es in den neuen Bundesländern weniger Privatpatienten als im Westen gibt. In allen neuen Ländern zusammen leben nur 9,6 Prozent aller privat Versicherten in Deutschland.[53] Die Ärzte werden offenbar erfolgreich animiert, das fehlende Zusatzeinkommen aus den Privatpatienten durch Kooperation mit der Pharmaindustrie zu kompensieren.

Von der Apotheke der Welt zum Pharmamülleimer Europas

Gleichzeitig entwickelt sich Deutschland zum Pharmamülleimer Europas. Weil es bei uns keine Positivliste empfohlener Arzneimittel gibt, befinden sich laut dem Bundesinstitut für Arzneimittel und Medizinprodukte 53 659 verschiedene Medikamente auf dem Markt.[54] Fast alle umliegenden Länder haben Positivlisten. Mit 3000 Medikamenten könnte der Markt bestens versorgt werden. Viele der Arzneimittel, die bei uns noch gehandelt werden, sind im Ausland schon von den Listen verschwunden. Die Restbestände und gegebenenfalls auch neue Lieferungen werden in Deutschland verkauft.

Wenn ein Produkt selbst in Deutschland vom Markt genommen wird, muss es tatsächlich problematisch sein. Für ein Medikament und den deutschen Markt gilt für internationale Firmen die Umkehrversion von Frank Sinatras «New York, New York»: «If you can't make it there, you can't make it anywhere ...» Dass 1995 der damalige Gesundheitsminister Horst Seehofer (CSU) durch seinen Staatssekretär dem Vorsitzenden des Bundesverbandes der Pharmazeutischen Industrie (BPI), Hans Rüdiger Vogel, eine geschredderte Positivliste zum Geburtstag überreichte, um witzig zu demonstrieren, dass die Pharmalobby es erneut geschafft hatte, die Liste zu verhindern, ist mittlerweile legendär.[55]

Weniger amüsant ist, dass wir die Liste bis heute nicht haben. Der damalige Kniefall vor der Lobby ist ein Armutszeugnis deutscher Gesundheitspolitik. Zwar würde die Positivliste nicht viel Geld sparen, weil die umstrittensten Arzneimittel oft nicht die teuersten sind und zum Teil weniger kosten als die Scheininnovationen. Trotzdem schaden diese Medikamente, weil sie oft nur Nebenwirkungen und keine Heilung bringen. Die Patienten werden aber irgendwann so krank, dass sie wirksame und teurere Arzneimittel benötigen oder sogar im Krankenhaus behandelt werden müssen. Weshalb soll der deutsche Patient auf die schützende Funktion einer Positivliste verzichten?

Es schadet auch dem Ansehen des Pharmastandortes, Pharmamülleimer Europas zu sein. Deutschland galt einmal als die Apotheke der Welt. Unsere Arzneimittelpolitik hat mit dazu beigetragen, dass wir heute das Land der Nachahmer und der umstrittenen Restbestände sind.

Wenn wir als Pharmastandort in der Zukunft eine Rolle spielen wollen, müssten wir gegen die kurzfristigen Interessen der Lobbygruppen entscheiden, so hart diese Auseinandersetzungen auch wären. Wir müssten dafür sorgen, dass die Arzneimittelversorgung in Deutschland als vorbildlich gelten könnte. Dazu würde ein besonders hoher Marktanteil von Arzneimitteln gehören, deren wissenschaftlicher Wert nicht umstritten wäre. Wenn wenig oder gar nicht wirksame Arzneimittel in Deutschland nicht verkauft werden könnten, würde sich die Entwicklung solcher Medikamente gar nicht erst lohnen. Damit würde die Forschung auf solche Produkte gelenkt, die auch im Ausland abgesetzt werden können.

Wenn in Deutschland der Automarkt nicht so umkämpft gewesen wäre, hätten wir in diesem Bereich niemals Exportweltmeister werden können. Bei den Arzneimitteln stammt keines der größten Unternehmen noch aus Deutschland. Auch wegen des wenig geregelten Marktes mit laxer Zulassung, geringer Konkurrenz und starker Bedeutung des Marketings mit eingekauften «Spitzenmedizinern», die als «Meinungsführer» genutzt werden, sind die deutschen Pharmafirmen nicht mehr in der Lage, im internationalen Konkurrenzkampf zu bestehen.

Während die angelsächsischen und die skandinavischen Länder immer größere Marktanteile an den Innovationen eroberten, weil sie auf die sogenannte evidenzbasierte Medizin setzten, sich also auf Produkte konzentrierten, die durch rigorose wissenschaftliche Studien in ihrer Wirksamkeit geprüft wurden, schworen Deutschland und Italien auf die sogenannte eminenzbasierte Medizin und verloren den Anschluss. Eine in Deutschland oder Italien bekannte «Eminenz» aus der Universitätsklinik, die von dem Pharmahersteller auch hier als Mietmaul eingesetzt wird, bewegt jedoch keinen einzigen amerikanischen Spezialisten, das empfohlene neue Produkt auch in den USA einzusetzen. Wird hingegen durch internationale Studien belegt, dass das neue Produkt eine echte Innovation darstellt, so verkauft es sich überall.

Mittlerweile stellen die meisten Pharmafirmen in Deutschland nur noch Nachahmerprodukte her. In den USA kosten diese Generika etwa zwanzig Prozent des Preises der Originale, in Deutschland vierzig bis fünfzig Prozent. Das ist natürlich für unsere innovativen Firmen schlecht, weil ein zu großer Anteil des Arzneimittelbudgets durch alte überteuerte Produkte aufgefressen wird. Doch Preissenkungen für Nachahmerprodukte werden mit dem Argument verhindert, dass die mittelständische Pharmaindustrie darunter zu leiden habe. Lassen wir uns darauf ein, fressen wir die Saat der Pharmaindustrie, weil sich Forschung dann nicht mehr lohnt. Die Lobbyisten haben einen alternativen Vorschlag: Auch die wenigen echten Innovationen und die vielen Scheininnovationen werden noch teurer, sodass der Abstand gewahrt werden kann. Das ist im Prinzip die Lösung, die wir in den letzten Jahren hatten und die die Gesamtausgaben für Arzneimittel in der Gesetzlichen Krankenversicherung von 1997 bis 2005 um mehr als fünfzig Prozent in die Höhe getrieben hat.[56]

Um die Pharmaforschung voranzubringen, müsste darüber hinaus die Praxis der wertlosen und korrumpierenden Anwendungsbeobachtungen verboten und die Teilnahme an echten wissenschaftlichen Studien gefördert werden. Hier wird uns aber unsere balkanisierte Versorgungsstruktur erneut zum Verhängnis. Für neue Arzneimittel werden in der Regel gut untersuchte Krankenhauspatienten benötigt, deren Behandlung über mehrere Jahre dokumentiert wird. Da aber die große Mehrheit unserer Patienten nach ihrer Entlassung von den Krankenhausärzten nicht weiter ambulant betreut werden darf, kann keine Studie mit ihnen durchgeführt werden.

Soll etwa ein neues Medikament für Schlaganfallpatienten untersucht werden, wird die Studie fast mit Sicherheit nicht in Deutschland gemacht. Während in den USA, in England, den Niederlanden oder Frankreich der Schlaganfallspezialist den Patienten auch nach der Entlassung weiter ambulant behandelt, sieht der deutsche Krankenhausarzt den Patienten in der Regel nur wieder, wenn der einen weiteren Schlaganfall erlitten hat und in dieselbe Klinik eingewiesen wird. Daher müsste die Studie in Deutschland unter Beteiligung der Krankenhausärzte und einer Reihe von niedergelassenen Ärzten durchgeführt werden – eine reichlich komplizierte Angelegenheit. Der Patient ist der Drehtürmedizin in Deutschland ausgeliefert, die Pharmafirma nicht. Sie macht die Studie im Ausland. Die zerklüftete Versorgungsstruktur, die fehlenden Anreize und der Mangel an guten klinischen Wissenschaftlern haben den Pharmastandort Deutschland abgewirtschaftet.

Wie absurd die deutsche Gesundheitspolitik die Forschung

behindert, soll an einem letzten Beispiel aus dem dem Pharmamarkt ähnlichen Medikalproduktemarkt dargestellt werden. Bevor die niedergelassenen Ärzte ein neues Verfahren abrechnen dürfen, muss es seit kurzem durch wissenschaftliche Studien abgesichert sein. Dies ist sehr vernünftig und ein Schritt in die richtige Richtung. Die Prüfung erfolgt durch den «Gemeinsamen Bundesausschuss der Ärzte und Krankenkassen» in Siegburg.[57]

Leider wurden die Krankenhäuser auf Druck der Krankenhauslobby und der Lobby der Medikalprodukte-Industrie von dieser Regelung ausgeschlossen. Kommt ein neues Röntgenverfahren auf den Markt, kann es im Krankenhausbereich ohne vorherige Studien sofort eingesetzt werden. Die Krankenkassen müssen die Kosten dafür übernehmen. Erst wenn bewiesen ist, dass es nicht wirkt, können sie die Zahlung verweigern. Weshalb sollten also die Hersteller der Geräte eine solche Studie in deutschen Krankenhäusern durchführen? Kommt heraus, dass das Verfahren wirkt, wird wie gehabt weiterbezahlt. Ergibt die Studie das Gegenteil, fließt kein Geld mehr. Befürchtet die Firma, dass das Verfahren schlecht ist, macht sie einfach keine Studie.

Ein Teil der Patienten wird also ohne medizinische Not ins Krankenhaus eingewiesen, um sich dort Verfahren zu unterziehen, die möglicherweise wissenschaftlich massiv umstritten sind. Der Anreiz, die Studie zu unterlassen, ist für den Forschungsstandort Deutschland Gift. Diese Regelung wurde von der Industrie jedoch als «innovationsfreundlich» verkauft, weil sie es erlaubt, ohne aufwendige Studien die Ströme der Krankenkassenerstattung anzuzapfen. Zahlreiche Gesundheitspolitiker lassen sich von der Industrie einseifen und glauben, dass derjenige Standort am besten für Innovationen wäre, der ohne große wissenschaftliche Prüfung schnell die komplette Kostenübernahme durch die Krankenkassen garantiere.

Die Kassenärztlichen Vereinigungen

Die vier stärksten Lobbygruppen in der deutschen Gesundheitspolitik sind die Private Krankenversicherung, die Pharmaindustrie, die Tabakindustrie und die Kassenärztlichen Vereinigungen (KVen). Dass die Kassenärztlichen Vereinigungen in Deutschland noch immer mitreden, muss Außenstehende wie ein Wunder anmuten. Die Mehrzahl der Ärzte ist mit ihrer Bezahlung und ihren Arbeitsbedingungen mittlerweile unzufrieden. Die Patienten leiden unter der Zweiklassenmedizin und einer unüberwindbaren Versorgungsmauer zwischen den niedergelassenen Ärzten und den Krankenhausärzten. Die Kassenärztlichen Vereinigungen schaffen es mit ihrem riesigen Verwaltungsapparat nicht, die Ärzte in Deutschland so zu verteilen, dass eine auch nur annäherungsweise gleichmäßige medizinische Versorgung gewährleistet wäre. Auf dem Land und in den neuen Bundesländern fehlen Ärzte, in den Großstädten gibt es ihrer zu viele.

Der Hauptgrund dafür ist, dass Ärzte in den ohnehin überversorgten Metropolen besser bezahlt werden als in den unterversorgten ländlichen Regionen. Wie soll ein engagierter Arzt aus München seine Partnerin zum Umzug nach Mecklenburg-Vorpommern bewegen, wenn beide nicht nur auf das kulturelle Angebot Münchens verzichten müssen, sondern er zudem seine Münchener Privatpatienten zurücklassen muss und dadurch am Ende vielleicht noch die Hälfte seines ursprünglichen Einkommens hat?

Den Kassenärztlichen Vereinigungen fällt angesichts dieser unhaltbaren Fehlverteilung der Ärzteeinkommen und der Ärzte selbst nur der übliche dritte Weg der Lobbyisten ein: Es sollen halt wie immer alle mehr Geld bekommen. Konkret schlagen die Kassenärztlichen Vereinigungen vor, die Honorare der Ärzte um dreißig Prozent (!) zu erhöhen.[58] Damit diese Forderung durchgesetzt werden kann, streiken die niedergelassenen

Ärzte in regelmäßigen Abständen. Die Kassenärztliche Bundesvereinigung, der die Kassenärztlichen Vereinigungen auf Bundesebene vertretende Verband, setzt dabei sogar gemietete Studenten ein, die sich als Ärzte verkleiden und vor dem Reichstag «den Kittel an den Nagel hängen». Auch mit einem drohenden Versorgungsausfall während der Fußballweltmeisterschaft 2006 sollte die Politik erpresst werden.[59]

Dabei sind die Einkommen der Ärzte im internationalen Vergleich gar nicht schlecht. Sie sind sogar gestiegen, obwohl es immer mehr Mediziner gibt. Das durchschnittliche Einkommen der niedergelassenen Ärzte im Jahr 2003 lag nach Abzug aller Praxiskosten bei circa 10 500 Euro vor Steuern und dürfte in der Zwischenzeit weiter gestiegen sein. Darin enthalten sind die Einnahmen der Ärzte durch die Privatpatienten, die Pharmaindustrie und sogenannte IGEL-Leistungen, das sind medizinisch unsinnige Leistungen, die dem Patienten gegen Barzahlung verkauft werden. Es gibt keine neueren Zahlen, da diese ohne die Kassenärztlichen Vereinigungen nicht ermittelt werden können und sie diese Daten nur mit großer Verzögerung veröffentlichen. Im stationären Bereich konnten die Mediziner in den vergangenen Monaten Gehaltserhöhungen von rund zwanzig Prozent durchsetzen.

Der Vorstand der Kassenärztlichen Bundesvereinigung, Andreas Köhler, musste erst vor wenigen Monaten erleben, dass die Berechnungen seines hauseigenen Wissenschaftlichen Instituts sein in der Politik regelmäßig vorgetragenes Ständchen von der Verarmung der Kassenärzte widerlegen. Dem Protokoll der geschlossenen Vertreterversammlung zufolge drohte er damit, das eigene Institut zu schließen, wenn es nicht bessere Zahlen liefere: «Wenn ich jetzt sehe, dass da ständig Erhebungen gemacht werden, die dokumentieren, dass unsere Kosten sinken, und ich jedes Mal einen Eiertanz machen muss, dass die nicht veröffentlicht werden, dann akzeptiere ich das nicht mehr.»[60]

Seit zehn Jahren schaffen es die Kassenärztlichen Vereinigungen nicht, einen Vorschlag für eine gerechtere und bezahlbare Honorierung der niedergelassenen Ärzte zu unterbreiten, kassieren aber im Durchschnitt 6000 Euro pro Jahr von jeder Arztpraxis.[61] Bei der vorletzten Gesundheitsreform 2003 wurde die Kassenärztliche Vereinigung selbst gebeten, den Vorschlag für die Honorarreform zu formulieren. Nichts davon haben jedoch die Kassenärztlichen Vereinigungen umgesetzt. Die Lobbygruppe kann eigene Vorstellungen ins Gesetz einbringen und schafft es dann nicht einmal, diese zu verwirklichen.

In der neuen Gesundheitsreform 2007 wurden seitens der Politik zwar bessere Vorschläge in das Gesetz geschrieben, für ihre Umsetzung ist man aber auf die Hilfe der Kassenärztlichen Vereinigungen angewiesen. Ich bin sicher, dass sie es erneut nicht schaffen werden und zum Schluss das Gesundheitsministerium, unterstützt durch andere Institutionen, diese Vorschläge in die Praxis umsetzen muss. Wir werden bis dahin wieder Zeit verlieren, und der hier nicht unberechtigte Frust der Ärzte wird am Patienten ausgelebt.

Den Forderungen der niedergelassenen Ärzte wurde bislang insoweit entsprochen, als es für unterversorgte Gebiete nun Zuschläge gibt, die alleine die Krankenkassen bezahlen. Auf die ursprünglich in der Reform vorgesehene Absenkung der Honorare in überversorgten Gebieten wurde jedoch genauso verzichtet wie auf die fünfzigprozentige Beteiligung der Kassenärztlichen Vereinigungen an den Ausgleichszahlungen für die Unterversorgung.

Die Krankenkassen gehen davon aus, dass sich die Mehrbelastung durch die Reform insgesamt ab 2009 auf jährlich fünf bis sieben Milliarden Euro beläuft.[62] Diese Einschätzung ist deshalb relevant, weil die Krankenkassen die Höhe der Mehrausgaben für die Ärzte durch die Härte ihrer Verhandlung bei der Durchführung der Reform zwar theoretisch selbst bestimmen. Leider ist es aber so, dass die Kassen den Kassenärztlichen Vereinigungen bei der Ausnutzung neuer Honorarspielräume, die der Gesetzgeber geschaffen hat, in der Vergangenheit praktisch nie viel entgegensetzen konnten. Die Ankündigungen der Kassen zum Ausmaß der Kostensteigerung sind daher Anlass zu größter Sorge.

Das Beispiel der Ärzte macht den Eindruck, dass Streik bei gleichzeitiger Erpressung der Politik die richtige Erziehungsmaßnahme ist, um Einkommenssteigerungen im zweistelligen Bereich durchzudrücken. Nach den Krankenhausärzten verdienen auch die niedergelassenen Ärzte, wenn die Gesundheitsreform komplett umgesetzt ist, über zwanzig Prozent mehr. Der gesamte Einkommenszuwachs der Ärzte ist langfristig größer als die Nettoentlastung aller deutschen Unternehmer durch die von Finanzminister Peer Steinbrück (SPD) geplante Unternehmenssteuerreform.

Wir sollten die Kassenärztlichen Vereinigungen ganz abschaffen, sodass der Politik und der Bevölkerung derartige Erpressungen in der Zukunft erspart bleiben. Sie erweisen sich zunehmend als ein Bremsklotz für dringend notwendige Reformen, die unser Gesundheitssystem moderner machen würden. Die KV-Vorsitzenden waren zuerst besonders privilegierte Ärzte, die sich im Rahmen ihrer «ehrenamtlichen Arbeit» im System selbst bedient haben. War der Vorsitzende der Kassenärztlichen Vereinigung zum Beispiel ein Röntgenologe, wurden diese besonders gut bezahlt.

Heute hat sich diese Bürokratie verselbständigt und führt ein Eigenleben. Die Vorsitzenden sind seit 2004 Hauptamtliche. Nach der Gesundheitsreform von 2003 wurden sie gefragt, wie hoch ihr Einkommensverlust durch die dadurch bedingte Aufgabe der Praxis sei. Obwohl sie bislang das Lied der Verarmung der niedergelassenen Ärzte in großer Eintracht vorgesungen hatten, hieß es nun plötzlich, dass zusätzlich zu den Praxisunterhaltskosten hohe Einkommensverluste zu erwarten wären. So forderte der Vorsitzende der KV Baden-Württemberg, Achim Hoffmann-Goldmayer, eine Summe von 350 000 Euro im Jahr für sich.[63] Das war selbst der aufsichtführenden Landesregierung von Baden-Württemberg zu viel, die ihm dann immerhin 240 000 Euro und einen Dienstwagen genehmigte.[64]

Schon damals hätte Schluss sein müssen. Kein modernes Gesundheitssystem in Europa kennt eine den Kassenärztlichen Vereinigungen vergleichbare Struktur, sie hat sich nicht bewährt. Der größte Schaden, den sie anrichtet, ist die systematische Erschwerung des Wettbewerbs unter Medizinern. Die Kassenärztlichen Vereinigungen verhindern, dass Patienten oder Krankenkassen jemals etwas über die Qualität einzelner Ärzte erfahren. Das ist ein Nachteil für alle Patienten und für die Ärzte, die ihre Qualität nicht verstecken müssen.

Geheimdaten im Krankenhaus

Auch im Krankenhaussektor muss es dringend zu weiteren Reformen kommen. In keinem europäischen Land werden so viele Patienten für einen so langen Zeitraum stationär behandelt wie in Deutschland. Jährlich werden bei uns zwanzig von hundert Einwohnern in Kliniken eingewiesen, deutlich mehr als beispielsweise in Schweden, wo es nur fünfzehn, oder in Frankreich, wo es nur sechzehn von hundert Einwohnern sind.[65] Ihre durchschnittliche Aufenthaltsdauer ist mit 8,9 Tagen fast doppelt so lange wie in den Vereinigten Staaten, in England, den Niederlanden, den skandinavischen Ländern oder Frankreich.[66]

Das Ausmaß der Verschwendung wird offenbar, wenn man weiß, dass Länder wie Schweden oder die Niederlande die gleiche medizinische Versorgung mit nur einem Drittel der stationären Betten erreichen. Mit der oben geforderten Öffnung der

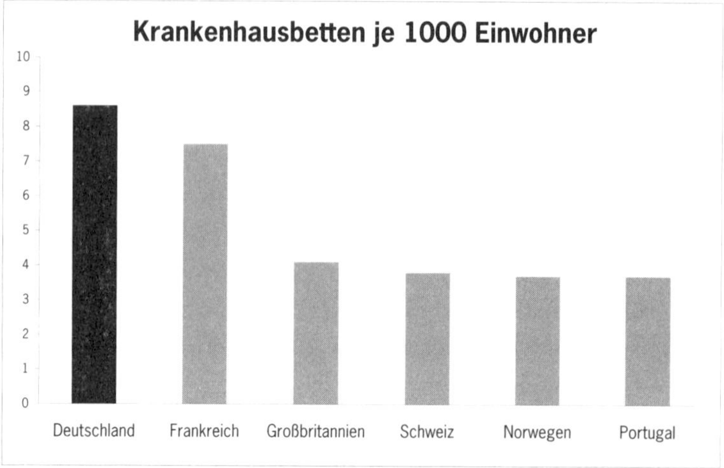

Abb. 17 und 18: Die doppelte Facharztschiene für Kassenpatienten ist ein wichtiger Grund für unsere teure und unnötige stationäre Überversorgung.

Krankenhäuser für die ambulante Versorgung gesetzlich versicherter Patienten könnten medizinisch überflüssige Krankenhauseinweisungen vermieden werden.

Die enorme Zahl von Krankenhauspatienten in Deutschland überrascht jeden internationalen Wissenschaftler, weil doch angesichts der sehr hohen Facharztdichte im niedergelassenen Bereich das Gegenteil zu erwarten wäre. Unser System der doppelten Facharztschiene für Kassenpatienten bringt keine bessere medizinische Versorgung, sondern ist einfach nur teuer und ineffizient. In keinem Land Europas befindet sich zu jedem gegebenen Zeitpunkt ein größerer Anteil der Bevölkerung im Krankenhaus als in Deutschland. Der Krankenhaussektor hat in den letzten Jahren einen Ausgabenanstieg von etwa drei Prozent im Jahr gesehen und ist mittlerweile der teuerste Teil unseres Gesundheitssystems überhaupt.

Trotz unseres aufgeblähten Krankenhauswesens sind die

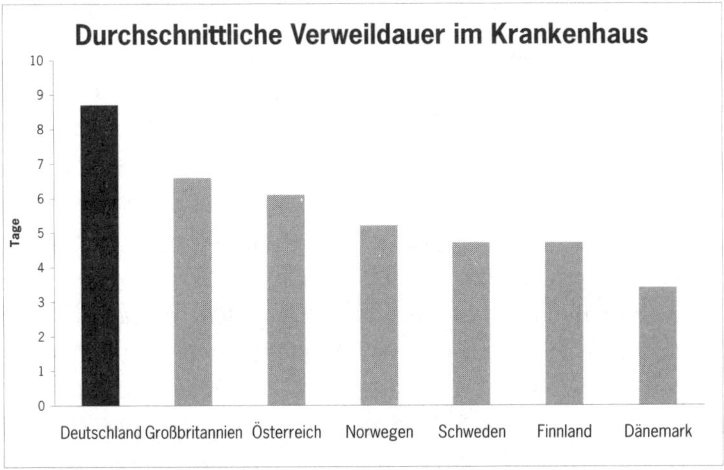

Quelle für beide Abbildungen: OECD Gesundheitsdaten 2006, Juni 06 (2004)

stationären Behandlungsergebnisse eher nur mäßig, weil es gravierende Qualitätsunterschiede in der medizinischen Versorgung der einzelnen Häuser gibt. Dabei erarbeitet die Bundesgeschäftsstelle Qualitätssicherung GmbH (BQS) seit 2001 eine in ganz Europa einzigartige Datensammlung, die wissenschaftlich fundierte Urteile über die medizinische und pflegerische Güte in der stationären deutschen Krankenhausversorgung ermöglicht.[67] Doch da diese wichtigen Informationen nur den Kliniken selbst, nicht aber den Patienten, Krankenkassen oder niedergelassenen Ärzten zu Verfügung gestellt werden, kommt es zu keinerlei Wettbewerb der Krankenhäuser um bessere Qualität.

Tatsächlich haben selbst die Ärzte, die ein Krankenhaus empfehlen und nur einen Steinwurf davon entfernt praktizieren, keine Ahnung, wie dessen Abteilung für Hüftgelenksoperationen oder Nierentransplantationen im Vergleich zum Nachbarkrankenhaus abschneidet. Dabei kennen beide Kliniken die eigenen BQS-Daten und könnten diese publik machen. Obwohl dies die stationäre Versorgung deutlich verbessern würde, werden die Daten jedoch nicht veröffentlicht.

In New York wurde bereits vor 18 Jahren gezeigt, dass sich nach der Veröffentlichung der Sterberaten in der Herzchirurgie die dortige Behandlung verbesserte. Damals startete das New Yorker Department of Health ein Projekt, um das Sterberisiko nach Bypassoperationen zu reduzieren. Zuallererst wurden die Anforderungen an die Spezialisierung der Kliniken heraufgesetzt: Nur noch Häuser mit über 200 Fällen pro Jahr durften Eingriffe am Herz vornehmen.[68] Vierteljährlich wurden die Daten an eine Zentrale übermittelt und 1990 die Statistiken des Jahres 1989 für die einzelnen Krankenhäuser publiziert.[69]

Aufgrund der Klage einer Zeitung mussten auch arztspezifische Daten offengelegt werden. Wegen der ärztlichen Proteste wurden diese Daten über drei Jahre gesammelt und nur bei Operateuren mit mehr als 200 Eingriffen pro Jahr namentlich ausgewiesen. Die Mengenvorgabe bewirkte, dass Chirurgen mit geringen Fallzahlen und hoher Mortalität keine Bypass-Operationen mehr erbrachten. Es starben dann vierzig Prozent weniger Patienten. Die schlechten Chirurgen wurden entweder von der Klinik ausgetauscht, nahmen auf Qualitätssicherung mehr Rücksicht oder behandelten einfach nicht mehr so viele Patienten.[70]

In Deutschland werden fast die gleichen Daten gesammelt, aber nicht veröffentlicht, weil man verhindern will, dass die schlechten Ärzte Patienten verlieren. Sterben einem Chirurgen viele Patienten, liegt das in der Logik der Ärztefunktionäre nicht an seinem Können, sondern am Zufall oder daran, dass die Patienten stärker erkrankt sind. Letzteres wird zwar bei der Auswertung berücksichtigt, aber nur pauschal, weshalb das Ergebnis mitunter dem einzelnen Fall nicht ganz gerecht wird. Um also keinen guten Chirurgen zu Unrecht schlechter Qualität zu bezichtigen, nimmt man in Kauf, dass ein paar hundert Patienten pro Jahr unnötig sterben, die von den zu Recht schlecht bewerteten Ärzten behandelt wurden.

Wird eine Veröffentlichung erwogen, drohen die Lobbyisten mit schöner Regelmäßigkeit, in diesem Fall die Auswertung zu boykottieren oder die Daten zu fälschen. Statt die Leistungen nicht zu bezahlen, wenn eine Klinik die Teilnahme an der Datenerfassung verweigert, oder ihr die Lizenz zu entziehen, wenn ihr ein Betrug nachgewiesen werden kann, lässt sich die Gesundheitspolitik erpressen. Nur wenige Krankenhausabteilungen veröffentlichen ihre Daten freiwillig.

Krankenkassen im Wettbewerb um Gesunde

Nicht nur zwischen den Krankenhäusern, sondern auch zwischen den Krankenkassen fehlt es an Wettbewerb. Gewinne machen sie nur mit Patienten, die für ihr Alter relativ gesund sind. Für unterdurchschnittlich verdienende oder ältere Versicherte bekommen sie den Beitrag sowie einen Zuschlag aus dem Risikostrukturausgleich, unabhängig davon, ob die Versicherten gesund oder krank sind. Also fehlt der Anreiz, sich um die Versorgung besonders kranker Menschen zu bemühen. Eine Kasse, die sich bei der Beratung und Behandlung von Krebspatienten auszeichnete, zöge diese Patienten als Versicherte an und ginge innerhalb weniger Monate in die Pleite. Bringt eine Kasse für teure Patientengruppen Vorteile, muss das deshalb so gut wie möglich verschwiegen werden.

Stattdessen werben alle Kassen um Gesunde mit hohem Einkommen. So bietet die Techniker Krankenkasse Akupunkturverfahren an, welche nur bei einer kleinen Patientengruppe überhaupt einen Vorteil bringen, aber bei einkommensstarken und gesunden Akademikern sehr beliebt sind. Diese Kunden versichert jede Krankenkasse gerne. Bauarbeiter hingegen will man in der Regel nicht anlocken, weil solche Mitglieder sich im Allgemeinen nicht rechnen. Im Fachjargon heißt es, sie bringen keinen positiven Deckungsbeitrag, sprich Gewinn. Statt um die Kranken konkurrieren die Kassen um die Gesunden.

Selbst innerhalb des Systems der gesetzlichen Krankenkassen gibt es somit einen Wettbewerb zugunsten der Privilegierten, der Zweiklassenstaat wird konsequent in die tiefere Ebene getragen. Weil bei uns die Verbesserung der medizinischen Versorgung eine Krankenkasse in den Ruin treiben könnte, wenn sich diese Qualitätsoffensive herumspräche, wird nach guten Risiken gefischt.

Die Lösung für dieses Problem ist seit Jahren bekannt und wird im Ausland, etwa in den Niederlanden, erfolgreich angewandt. Der Risikostrukturausgleich der Kassen muss neben Alter und Einkommen auch die Krankheitslast der Patienten berücksichtigen. Dies konnte in der 2007 beschlossenen Gesundheitsreform endlich durchgesetzt werden.

Doch leider wurde auch diese Maßnahme auf Druck einiger Kassen verwässert, die besonders gesunde Mitglieder haben. Jetzt können maximal achtzig der ursprünglich geplanten mindestens zweihundert Krankheiten berücksichtigt werden. Die Patienten, deren Krankheiten nicht auf der noch zu beschließenden Liste verzeichnet sind, haben doppelt Pech gehabt. Für sie gibt es nicht nur keinen Zuschlag, sondern sogar noch weniger Geld als vorher. Weil nämlich die Ausgleichssätze für bis zu achtzig Krankheiten steigen, werden sie um genau diesen Betrag für alle anderen Krankheiten gekürzt, mit der Folge, dass diese Patienten für die Krankenkassen große Verluste bringen. Die Krankenkassen werden daher wenig mehr als das unbedingt Notwendige in die Versorgung solcher Patienten investieren.

Kein einziger Wissenschaftler in ganz Deutschland konnte

diese Entscheidung nachvollziehen. Auf internationalen Kongressen erntet man nur ein trauriges Kopfschütteln. Eine Minilobby einiger Krankenkassen hat es geschafft, ein für den Wettbewerb der Kassen um eine bessere Medizin unbezahlbar wichtiges Instrument zu verkrüppeln, ohne dass es irgendeinen vernünftigen Grund dafür gegeben hätte, auf die Wünsche dieser Gruppe einzugehen.

Die Patienten, deren Leiden später nicht auf der Liste aufgeführt sind, werden sich zu Recht diskriminiert fühlen und dagegen klagen. Es ist zu hoffen, dass die Liste spätestens dann auf die anderen Krankheiten ausgeweitet wird. Die Politiker, die für die Begrenzung der Liste gekämpft haben, wussten die grundsätzliche Mechanik des Risikostrukturausgleichs bis zum Schluss nicht zu erklären. Sie konnten immer nur wiederholen, dass es nicht mehr als achtzig Krankheiten sein durften, denn das war ihnen von den Lobbyisten so eingeimpft worden. Dass sich die Einführung von Krankheitszuschlägen unter diesen Umständen überhaupt durchsetzen ließ, gehört zu den wenigen echten Verbesserungen der Reform.

Reformvorschläge für Qualität und Wirtschaftlichkeit

Die notwendige Verbesserung der Qualität und Wirtschaftlichkeit des deutschen Gesundheitssystems ist weder durch Tricks noch im Konsens zu erreichen. Keine der vermeintlichen «Win-Win»-Reformen ist möglich. Es geht um einen grundsätzlichen Wandel, in dem es auch Verlierer geben wird. So müssen die Privilegien der Privatpatienten abgebaut werden, will man die vernachlässigende, mitunter gar verachtende Behandlung vieler gesetzlich Versicherter verhindern. Und ohne einen echten Wettbewerb der Krankenkassen um eine bessere medizinische Versorgung der Patienten können wir nicht mit den Behandlungsergebnissen anderer europäischer Länder gleichziehen, die weniger Geld ausgeben und uns doch überlegen sind. Folgende Schritte wären für eine langfristige Reform die wichtigsten:

Einheitliche Gebührenordnung für alle Patienten

Die Leistungen für gesetzlich und privat Versicherte müssten nach einer einheitlichen und für alle Ärzte geltenden Gebührenordnung honoriert werden. Bei gleicher Behandlung dürften die Ärzte weder für Privatpatienten noch für Beamte mehr Geld erhalten als für Kassenpatienten. Zuschläge gäbe es nur für schwere Fälle und für außergewöhnliche Leistungen, diese müssten aber für alle Versicherten gleich hoch veranschlagt werden.

Es darf in Deutschland keine Patienten erster und zweiter Klasse geben. Vor dem Arzt wie vor dem Lehrer müssen alle Menschen gleich sein. Die Bevorzugung von Privatpatienten bei Spezialisten muss beendet werden. In Universitätskliniken ist sicherzustellen, dass der Anteil der gesetzlich Versicherten, die ein Chefarzt behandelt, etwa ihrem Anteil an der Gesamtbevölkerung entspricht. Sonst wird der Haushalt der Klinik gekürzt. Die Einrichtungen der Spitzenmedizin in Deutschland müssen allen Versicherten im gleichen Umfang zugute kommen.

Beteiligung der Privaten Krankenversicherung am Risikostrukturausgleich der Krankenkassen

Privat Versicherte haben sich wie gesetzlich Versicherte am Risikostrukturausgleich der Krankenkassen zu beteiligen. Ein Einkommensausgleich, bei dem die mit dem höchsten Einkommen außen vor bleiben, ist ein Widerspruch in sich. Das ist so ähnlich, als ob ab einem festgelegten Einkommen überhaupt keine Steuern mehr bezahlt werden müssten.

Wenn Privat- und Kassenpatienten von den Ärzten und Kliniken gleich behandelt werden und alle in gleicher Weise für die Versorgung der Einkommensschwachen und Kranken eintreten, ist eine Bürgerversicherung eingeführt, ohne dass die Private Krankenversicherung abgeschafft werden muss. Die Abschaffung der Privaten Krankenversicherung ist aus rechtlichen Gründen sehr schwierig, obwohl dies ordnungspolitisch klar der zu bevorzugende Weg für die Einführung einer Bürgerversicherung wäre.[71] Am besten wäre es, wenn private Krankenkassen nur Zusatzversicherungen für medizinisch nicht notwendige Leistungen und Dienste der Medizin anbieten würden, etwa Einbettzimmer oder Akupunktur. Eine bevorzugte Behandlung bei Ärzten darf auch in Zusatzversicherungen nicht eingekauft werden, sie ist ethisch nicht vertretbar.

Freie Arztwahl für alle Versicherten

Die Krankenhäuser müssen auch für die ambulante fachärztliche Versorgung von gesetzlich Versicherten geöffnet werden. Kassenpatienten müssen wie Privatpatienten zwischen niedergelassenen und Krankenhausfachärzten wählen können. Es ist sinnlos, circa fünfzig Prozent der Fachärzte nur den zehn Prozent privat Versicherten für eine ambulante Versorgung zur Verfügung zu stellen, es führt bloß zu Qualitätseinbußen bei der Behandlung und zu unnötigen Einweisungen der gesetzlich Versicherten in das Krankenhaus.

Direkte Abrechnung der Arztleistungen

Alle Allgemeinärzte und Fachärzte sollten ihre Leistungen direkt mit den Krankenkassen und Krankenversicherungen ohne den Umweg über die Kassenärztlichen Vereinigungen abrechnen. Die Gebührenordnung sollte so unkompliziert wie möglich sein, gute Qualität belohnen und keinen Anreiz für eine Überversorgung der Patienten geben.

Verbesserte Vorsorge
Präventive Maßnahmen sollten durch die neue Gebührenordnung besonders gefördert werden. Bislang werden nur 4,6 Prozent der Gesundheitsausgaben für Vorbeugung und Vorsorge ausgegeben.[72] Mit einer verbesserten Vorsorge ließen sich insbesondere die großen Unterschiede in der Lebenserwartung von armen und reichen Menschen in Deutschland verringern, die bei uns viel größer als in den skandinavischen Ländern sind. Das liegt neben der Zweiklassenmedizin an der mangelhaften Prävention, für die sich auch die Ärzte viel zu wenig einsetzen, weil sie daran nicht oder nur wenig verdienen.

Stärkere Arzneimittelkontrolle
Arzneimittel sollten in Deutschland noch stärker auf ihren medizinischen Nutzen und ihre Kosten geprüft werden.[73] Eine Positivliste aller medizinisch sinnvollen Arzneimittel sollte geschaffen werden.

Leistungsgerechtere Bezahlung der Spezialisten
Universitätsprofessoren sollten leistungsgerecht und in Abhängigkeit von ihren Forschungsbeiträgen sowie von der Größe der von ihnen geleiteten Kliniken bezahlt werden. Das zu erreichende Einkommen sollte vergleichbar mit Spitzenpositionen in der Wirtschaft oder ähnlichen Stellungen im Ausland sein. Keinesfalls darf es von der Zahl der Privatpatienten abhängen. Auch müssen die Bedingungen für klinische Forschung an deutschen Universitätskliniken deutlich verbessert werden.[74]

Mehr Transparenz und Wettbewerb unter den Krankenhäusern
Die Qualitätsdaten der Krankenhäuser müssten den Patienten und den Krankenkassen zu jedem Zeitpunkt zur Verfügung stehen. Die Krankenkassen sollten ihren Versicherten bei der Aus-

wahl der Kliniken helfen und mit den besonders guten Häusern Verträge schließen, um ihre Versicherten dort unterzubringen. Die Krankenkassen dürften nicht länger gezwungen werden, mit jedem Krankenhaus zusammenzuarbeiten. Dies würde sicherstellen, dass überflüssige Krankenhausbetten dort abgebaut würden, wo die Qualität problematisch ist.

Förderung des Wettbewerbs unter Apotheken

Apotheken sollten voll in Konkurrenz zueinandertreten. Das schließt die Zulassung von Apothekenketten sowie von Internetapotheken ein.

Förderung der Spezialisierung und des Wettbewerbs der Krankenkassen

Der Risikostrukturausgleich der Krankenkassen muss möglichst viele Krankheiten umfassen. Einer Krankenkasse darf kein Nachteil entstehen, wenn sie Kranke gut behandelt, anstatt anderen Kassen mit hohem Werbeaufwand Gesunde abzujagen. Wenn sich Kassen auf bestimmte Erkrankungen konzentrieren würden, könnten sie Kliniken und Ärzte empfehlen. Die Betreuung der Patienten im Ernstfall wäre spürbar verbessert.

Dazu müssen Krankenkassen eine Mindestgröße haben. Nur 23, also rund neun Prozent der insgesamt circa 240 Krankenkassen, haben mehr als 500 000 Mitglieder, über neunzig Prozent der Krankenkassen haben weniger.[75] Ausreichend wären 30 bis 50 Krankenkassen in Deutschland, die sich dann einen echten Qualitäts- und Beitragswettbewerb liefern würden. Gegenwärtig gibt es etwa 200 Kassen zu viel und keinen Wettbewerb.

Resümee der Gesundheitsreform

Zum Abschluss muss noch kurz die jüngst beschlossene Gesundheitsreform des Frühjahrs 2007 gewürdigt werden. Es wäre unfair, sie nur zu kritisieren. Hinsichtlich der Versorgungsqualität und der Förderung von Vorbeugungsmaßnahmen bringt sie durchaus Verbesserungen. Insgesamt aber ist die Reform eine große Enttäuschung. An den Monopolen der Kassenärztlichen Vereinigungen konnte genauso wenig gerüttelt werden wie an der Abschottung der Apotheker gegen den Wettbewerb. Qualitätsdaten bleiben auch in Zukunft unter Verschluss. Ärzte bekommen mehr Geld in der Hoffnung, dass sie die Patienten nicht weiter gegen die Politik aufhetzen.

Das entscheidende Versagen dieser Reform ist aber, dass die Zweiklassenmedizin nicht abgebaut, sondern sogar verstärkt wurde. Seit 2003 versucht die SPD, eine Bürgerversicherung mit gleicher Versorgungsqualität für alle und Beiträgen auf alle Einkommensarten einzuführen. Die Union kämpft dagegen mit dem von Professor Bert Rürup entwickelten Modell einkommensunabhängiger Kopfpauschalen. Statt eines Kompromisses zwischen den einkommensabhängigen Beiträgen der Bürgerversicherung und den Kopfpauschalen wurde jetzt der faule Kompromiss beschlossen, dass die gesetzlich Versicherten demnächst *beides* zahlen müssen, während bei den Privaten Krankenversicherungen im Wesentlichen alles bleibt, wie es ist. Damit wird in dieser Reform der dritte Weg der Lobbyisten in klassischer Weise beschritten: alle konnten ihre Einzelinteressen zulasten der Beitragszahler durchsetzen.

Demnächst gibt es in der Gesetzlichen Krankenversicherung einen Einheitsbeitrag, der wahrscheinlich schon im Jahre 2009 bei 15,5 Beitragssatzpunkten liegen wird, also deutlich über dem heutigen Niveau. Das Geld geht in einen gemeinsamen Gesundheitsfonds, in den alle gesetzlich Versicherten einzahlen und der dann das Geld an die Krankenkassen weiterleitet. Zusätzlich wird schätzungsweise ein Drittel aller Kassenmitglieder eine vom Einkommen unabhängige Kopfpauschale im Wert von maximal 36 Euro zahlen müssen. Wer mit diesem Betrag überfordert ist, muss maximal ein Prozent seines Einkommens auf den Beitragssatz drauflegen.

Schon jetzt ist klar, dass es bei der einprozentigen Zusatzbelastung des Einkommens der Versicherten nicht bleiben wird. Es ist bereits heute absehbar, dass die Allgemeinen Ortskrankenkassen mit dieser Regelung kaum werden leben können, da ihre Versicherten weniger als die Versicherten anderer Kassen verdienen und den Ortskrankenkassen daher das eine Prozent ihres Einkommens nicht genug einbringt.

Der Gesundheitsfonds löst keines der vier wichtigsten Probleme, die zu Beginn der Verhandlungen gelöst werden sollten. Erstens wird die Zweiklassenmedizin nicht abgebaut, weil ausgerechnet die privat Versicherten nicht in den Fonds einzahlen. Damit allein ist seine Einführung überflüssig. Zweitens gehen die Lohnnebenkosten nicht zurück, weil die Mittel, die in den Fonds fließen, fast ausschließlich von der arbeitenden Bevölkerung und von Rentnern aufgebracht werden. Drittens wurde nicht erreicht, dass die Beitragssätze sinken, vielmehr ist bereits 2007 eine deutliche Steigerung erfolgt. Und viertens kommt es nicht zu einem echten Wettbewerb zwischen Gesetzlichen und Privaten Krankenversicherungen, weil es bei der Aufteilung des Marktes zwischen den Beamten und den besserverdienenden Selbständigen und Angestellten für die Privaten Krankenversicherungen auf der einen Seite und allen anderen auf der Seite der Gesetzlichen Krankenversicherungen bleibt.

Stattdessen sind neue Probleme entstanden. So wird für den Gesundheitsfonds ein weiterer Verwaltungsapparat aufgebaut. Jetzt gibt es nicht nur 240 Krankenkassen mit dem gleichen Versorgungsangebot und ohne Qualitätswettbewerb, sie werden demnächst zudem noch einen einheitlichen Beitragssatz haben. Sie konkurrieren nun nicht mehr allein um die Gesunden, sondern in Zukunft auch um die Einkommensstarken. Weil der Zusatzbeitrag, als einkommensabhängiger Beitrag oder als kleine Kopfpauschale, maximal ein Prozent des Einkommens betragen darf, hat jede Kasse mit Einkommensschwachen Probleme. Für drei bis vier Ortskrankenkassen kann das schon im Jahr 2009 das Aus bedeuten: Besonders gefährdet sind Berlin, Mecklenburg-Vorpommern und das Saarland.

Es gehört zu den Fehlern dieser Reform, dass sich ausgerechnet die Lage für die Allgemeinen Ortskrankenkassen verschlechtert, die etwa sechzig Prozent der Arbeitslosen und Sozialhilfeempfänger in Deutschland versichern, während die Privatversicherungen nicht nur ungeschoren, sondern in Teilen sogar gestärkt aus der Reform hervorgehen. Auf jeden Fall müssen in Zukunft alle Kassen im Wettbewerb mehr auf das hohe Einkommen neuer Mitglieder achten, weil sie sonst nicht genug Zusatzbeiträge erwirtschaften. Für diese Zusatzbeiträge gibt es keinen Einkommensausgleich zwischen den Kassen, sie laufen am Risikostrukturausgleich vorbei – eine krasse Ungerechtigkeit.

Gestärkt wurden die Privaten durch die Schaffung eines neuen Basistarifs, der die Leistungen der gesetzlichen Krankenkassen abdeckt, aber nur von den Privaten Krankenversicherungen angeboten wird. Derjenige, der sich dort versichert, muss nicht nur nicht in den Gesundheitsfonds einzahlen, sondern er hat auch die gesetzliche Garantie, dass sein Tarif nie teurer sein darf als das, was er als gesetzlich Versicherter zahlen müsste. Viele «Melkkühe» der gesetzlichen Krankenkassen, gut verdienende, freiwillig im Solidarsystem versicherte Mitglieder, werden in diesen Tarif der Privaten wechseln.

Damit den Privatversicherungen nicht selbst ihre eigenen Melkkühe in diesen Tarif abwandern, wird er für die dort bereits heute Versicherten nur ein einziges Mal für sechs Monate im Jahr 2009 geöffnet sein. Dies war eine ausdrückliche Forderung des Lobbyverbands der Privaten Krankenversicherungen, die von der Politik übernommen wurde. In diesem Fall wurden die Wünsche des Verbands der Versicherer stärker berücksichtigt als die der privat Versicherten selbst: Die Lobbyisten schlugen sogar die Privilegierten.

In der Summe kann man den Teil der Gesundheitsreform, der die Finanzierung betrifft, bestenfalls als missglückt bezeichnen. Dem Zweiklassenstaat gibt er neues Futter, aber weder die Probleme des Arbeitsmarktes noch die des demographischen Wandels löst er. Gerhard Rupprecht, der Vorstandsvorsitzende der Allianz Deutschland AG, bei der ein Viertel der deutschen Ärzteschaft privat versichert ist, fasste das Ergebnis der Gesundheitsreform wie folgt zusammen: Mittelfristig würden die Tarife der Privaten Krankenversicherung weiterhin attraktiv bleiben, zumal die Finanzierungsprobleme der Gesetzlichen Krankenversicherung durch die Gesundheitsreform in keiner Weise gelöst seien. «Das ist die Chance der Privaten Krankenversicherung.»[76]

Die wahren Rentenlügen

Rainer K. ist etwa sechzig Jahre alt, hat grauweiße Haare und einen weißen Bart. Er liegt mit abgewinkelten, nach außen gedrehten Armen im Bett, neben ihm surrt die Dialysemaschine und pumpt Blut durch einen dicken Schlauch in seinen Arm. Er wirkt wie gekreuzigt. Der Kameramann, ein untrainierter blasser junger Mann, schwenkt die Kamera auf seiner Schulter zwischen dem in der Ader steckenden Schlauch und Rainer K.s Gesicht hin und her. Rainer K. wusste seit vielen Jahren von seinem Bluthochdruck, den sein Hausarzt jedoch nicht ausreichend behandelte. Erst wenige Wochen zuvor wurden erhöhte Nierenwerte in seinem Blut gemessen, ihm war häufiger schlecht. Dann ging alles ganz schnell: Diagnose Nierenversagen. Jetzt muss er dreimal pro Woche für vier Stunden zur Blutwäsche in eine Praxis und hat statistisch noch sechs Jahre zu leben.

Gefilmt wird diese Szene mit Rainer K.s Zustimmung für ein kritisches Fernsehmagazin, das auf die unterschätzte Gefahr des Bluthochdrucks in Deutschland aufmerksam machen will. Die engagierte Redakteurin weiß, dass Rainer K.s Leiden jeden Zuschauer überzeugen wird, sie weiß auch, dass dieser Dreh eine moralische Gratwanderung ist. Ihre Entscheidung, ihn so zu bringen, ist richtig. Rainer K. ist wenig gebildet, redet in einfachen Sätzen. Aber jeder versteht, dass er sich auf die Rente gefreut und sich auf seinen Arzt verlassen hat. Aus seinen Antworten spricht Verzweiflung. Er kann es noch nicht fassen. Nach

Ende des Interviews stehen wir vor dem Aufzug im Dialysezentrum. Der Kameramann fuchtelt hektisch an seinem Feuerzeug und nimmt ein paar tiefe Züge von seiner Zigarette. Allen ist klar, dass Rainer K. von seiner Rente nicht viel haben wird.

Unser Rentensystem wird regelmäßig geschmäht als nicht haltbar für die Zukunft, weil es nicht genug Kapitaldeckung vorsehe. Durch die Alterung der Bevölkerung und die geringe Geburtenzahl sei ein umlagebasiertes System, in dem es keine Rücklagen gibt und zu jedem Zeitpunkt die Renten der Älteren von den Beitragseinnahmen der Jungen bezahlt werden, nicht solide finanziert. In der Tat reichen die Rücklagen der Rentenkasse nur für maximal 1,5 Monate, je nach Bedarf können sie auch auf lediglich 0,2 Monatsausgaben absinken. In jedem Monat werden somit die Einnahmen der Rentenkasse aus Beiträgen und Steuermitteln sofort an die Rentner weitergereicht. Im Februar 2007 betrug die vorhandene Liquidität der Rentenversicherung beispielsweise nur eine halbe Monatsausgabe.[1] Die Steuermittel machen rund ein Viertel der Einnahmen der Rentenversicherung aus, 78 Milliarden Euro im Jahr 2005.[2]

Viele Beschäftigte denken, dass es eine Art Rücklage für sie gäbe, in die sie schon seit Jahren eingezahlt hätten und aus der ihre Ansprüche später bedient würden. Dass das Geld noch im gleichen Monat von der Hand der einen Generation in die Hand der anderen wechselt, ist ihnen nicht klar. Diese Tatsache kann beunruhigen. Würden die Beiträge der Beschäftigten nur für zwei Monate fehlen, etwa aufgrund eines Generalstreiks mit Totalausfall der Beitragszahlungen und Steuereinnahmen, könnten auch die Renten nicht ausgezahlt werden.

Wir entrichten heute unsere Rentenbeiträge, um die nächste Monatsrente unserer Elterngeneration zu finanzieren. Doch deren Rentenhöhe orientiert sich an der Summe der von ihnen früher eingezahlten Beiträge. Wie kann es dauerhaft zusammenpassen, wenn einerseits die Generationen füreinander einstehen, andererseits jede Generation eine Rente gemäß der eigenen Lebensleistung beansprucht?

Die Lösungen haben viele Namen und sind in die Rentenreformen der vergangenen Jahre eingegangen. Bundeskanzler Helmut Kohl (CDU) hat seinem Minister Norbert Blüm bei dem berühmten Satz «Die Rente ist sicher» zugestimmt und verschwiegen, dass ihr Niveau nicht zu halten ist. Rentenminister Walter Riester (SPD) wollte das Niveau wieder anheben, aber nicht auf Kosten der Rentenkasse, sondern mit einem Eigenanteil der Versicherten in der sogenannten Riester-Rente. Hinzu kam der Nachhaltigkeitsfaktor, welcher 2005 eingeführt wurde und die Rente stärker an die Entwicklung der Löhne beziehungsweise die Zahl der Erwerbstätigen anpasst, und schließlich die 2007 unter Arbeitsminister Franz Müntefering (SPD) verabschiedete Rente mit 67, mit der die Rente auf die steigende Lebenserwartung der Rentner reagieren soll.[3]

Zusammengefasst bedeuten die aufeinanderfolgenden Rentenreformen der letzten 18 Jahre, dass die Renten bis zum Jahre 2030 erheblich gekürzt werden. Bereits der Nachhaltigkeitsfaktor bewirkt eine Absenkung um fast acht Prozent. Ohne diese Kürzungen hätte die Rente im Jahr 2030 im Durchschnitt 30 Prozent höher gelegen. Natürlich wird dadurch auch der Beitragssatz entsprechend stabilisiert und kann bis zum Jahr 2030 wahrscheinlich unter 22 Prozent gehalten werden. Ohne diese Reformen läge er weitaus höher – in den 1980er Jahren wurde ein Anstieg des Beitragssatzes bis auf vierzig Prozent prognostiziert.

Trotz dieser mehr oder weniger umstrittenen Umbauten genießt das staatliche Rentensystem ein hohes Ansehen in der Bevölkerung. Die meisten einkommensschwachen Bürger verlassen sich weiter allein auf ihre gesetzliche Rente. Dies ist auch nicht erstaunlich, denn bisher ist es jeder Rentnergeneration besser gegangen als der vorherigen.

Heute ist das Einkommen der Rentnerhaushalte im Durchschnitt gut und liegt teilweise über dem Niveau einkommensschwacher Familien, allerdings bei großen Unterschieden innerhalb der Gruppe der Rentner. Dass jetzt nachjustiert werden muss, wird als gerecht empfunden. Zwar werden die Renten dadurch langfristig sinken, im Gegenzug bleiben aber die Beitragssätze bezahlbar, trotz der abnehmenden Zahl junger und der wachsenden Zahl älterer Menschen und obwohl sich die Lebenserwartung verlängert. Jeder sieht ein, dass die Renten nicht weiter erhöht werden können, wenn die Menschen immer älter werden, die durchschnittliche Rentenbezugszeit ständig steigt und sich gleichzeitig die Lebensarbeitszeit durch einen immer späteren Berufseinstieg verkürzt.

Die armen Rentner subventionieren die Reichen

Das erscheint so weit plausibel, ist aber nur die halbe Wahrheit. Bei näherer Betrachtung erweist sich das deutsche Rentensystem als höchst ungerecht. Denn wie im Bildungs- und im Gesundheitswesen werden in unserem Rentensystem diejenigen systematisch benachteiligt, die über geringe Einkommen verfügen. Die Gerechtigkeitsüberlegungen richteten sich bisher auf den Vergleich zwischen den Generationen und bedienten sich einprägsamer Bilder von der drohenden Überalterung, um Rentenreformen schmackhaft zu machen. Die Verhältnisse innerhalb einer Generation gerieten dabei überhaupt nicht in den Blick. Aber genau dort herrscht der Zweiklassen-Rentenstaat.

Unser Rentensystem funktioniert nach dem sogenannten Äquivalenzprinzip. Das heißt, die Höhe der Rente orientiert sich an dem früheren Einkommen und der Beschäftigungsdauer der Arbeitnehmer.[4] Wer lange gut verdient, erhält also mehr Rente als ein geringfügig Beschäftigter, weil er entsprechend höhere Beiträge eingezahlt hat. Das ist im Grunde gerecht, doch wird dabei seit Jahren tabuisiert, dass Menschen mit geringen Einkommen eine deutlich kürzere Lebenserwartung haben. Weil sie im Durchschnitt früher sterben, genießen sie ihre kleine Rente nur viel kürzere Zeit.

Natürlich gibt es Ausnahmen. Auch einzelne Bezieher sehr hoher Renten sterben früh, und umgekehrt leben manche Bezieher geringer Renten sehr lange. Typischer ist aber der Fall, wo ein Rentner wegen seines früheren hohen Einkommens eine fast doppelt so hohe Rente erhält wie der Einkommensschwache und diese auch noch doppelt so lange genießt, weil er deutlich länger lebt. Bezieht der Einkommensstarke zwanzig Jahre lang seine Rente, während der Einkommensschwache nach zehn Jahren Rente stirbt, hat der Einkommensstarke insgesamt viermal so viel Rente gekriegt, obwohl er nur etwa doppelt so viel eingezahlt hat. Diese Rechnung soll nur das Prinzip erklären. Die tat-

Quelle: Lauterbach, K., et al.: «Zum Zusammenhang zwischen Einkommen und Lebenserwartung». Studien zu Gesundheit, Medizin und Gesellschaft 01/2006

Abb. 19: Je mehr man verdient, desto länger bezieht man Rente.

sächlichen Unterschiede in der Lebenserwartung und der durchschnittlichen Rentenbezugszeit zeigt Abbildung 19.

Verschiedene Studien kommen zu dem Ergebnis, dass in Deutschland die Lebenserwartung mit dem Einkommen steigt.[5] So wurde, wie in Abbildung 19 gezeigt, vom IGKE berechnet, dass Männer mit einem Bruttoeinkommen über 4500 Euro ihre Rente fast acht Jahre länger beziehen als Männer mit einem Bruttoeinkommen unter 1500 Euro. Der Zusammenhang zwischen Einkommen und Lebenserwartung wurde auch für andere Industrieländer gezeigt, jedoch sind die Unterschiede zwischen Reich und Arm in Deutschland (wie auch in den Vereinigten Staaten) besonders ausgeprägt.[6] Dass es auch anders geht, zeigt das Beispiel Schweden, wo die Unterschiede in der Lebenserwartung zwischen den ärmsten und reichsten zehn Prozent der Bevölkerung lediglich zwei Jahre betragen.[7]

Erlebt man das Rentenalter erst gar nicht, sind die über lange Jahre erworbenen Ansprüche ganz verloren, wenn sie nicht für eine Witwenrente angerechnet werden. Auch hier ziehen die Armen den Kürzeren: 79 Prozent der Männer mit geringen Einkommen erreichen das Rentenalter gegenüber 91 Prozent der einkommensstarken Männer.[8] Somit gehen Wohlhabende häufiger in Rente, beziehen die Rente länger und können auch noch höhere Ansprüche an überlebende Ehepartner weiterreichen.

Lohnt sich also für Einkommensschwache die Rente überhaupt? Obwohl unser Umlagesystem nicht so funktioniert, dass der Beschäftigte Geld spart und es später ausgezahlt bekommt (darin liegt der Unterschied zu einem System mit Kapitaldeckung), lässt sich trotzdem berechnen, welche Rendite lebenslange Einzahlungen für den Versicherten im Durchschnitt abwerfen. Für das deutsche Rentensystem ist diese Rendite zwar insgesamt nicht hervorragend, aber trotzdem positiv, insbesondere wenn man alle Leistungen des Rentensystems betrachtet.

Aufgeschlüsselt nach Einkommensgruppen ergibt sich jedoch, dass aufgrund der längeren Rentenbezugszeit unter dem Strich vorwiegend die Wohlhabenden von unserem Rentensystem profitieren. Weil die Rendite von der Lebenserwartung abhängt, fällt sie lediglich für die gut Verdienenden wirklich positiv aus. Ein Arbeiter mit einem Einkommen, welches im Durchschnitt halb so hoch war wie das Durchschnittseinkommen der jeweiligen Jahre, erwirtschaftet mit seiner Rente eine negative Rendite und macht einen lebenslangen Verlust von mehr als 30000 Euro. Durchschnittsverdiener kommen auf ein etwa ausgeglichenes Verhältnis von Einzahlungen und Auszahlungen. Lohnend wird es erst für Rentner, die ihr Leben lang überdurchschnittlich verdienten. Bei einem Einkommen, welches doppelt so hoch war wie das des Durchschnittsverdieners, liegt der lebenslange Gewinn bei über 100000 Euro. Effekte wie die Versicherungsfunktion der Rente und die Ausfallsicherheit oder die Absicherung von Ehepartnern sind in diesen Renditeberechnungen nicht enthalten.

Abb. 20 Quelle: Institut für Gesundheitsökonomie und Klinische Epidemiologie (IGKE) der Universität zu Köln

Das Rentensystem beschert daher ausgerechnet den Einkommensstarken eine gute Rendite. Dabei verfügen gerade sie in der Regel noch über weitere Einnahmequellen im Alter. Das Rentensystem funktioniert also konsequent nach dem Prinzip: «Wer hat, dem wird gegeben.»

Reiche leben länger

Natürlich können die Reichen nichts dafür, dass die Armen so früh sterben. Vielmehr wird den Einkommensschwachen attestiert, dass sie zu viel rauchen und trinken, zu fett essen, sich nicht genug bewegen und stark übergewichtig sind. «Sollen sie doch gesünder leben, dann hätten auch sie eine bessere Rentenrendite», ist häufig in diesem Zusammenhang zu hören. Auf diese Weise wird suggeriert, die Armen seien an der fehlenden Rendite selbst schuld und das Rentensystem sei gerecht.

Es ist aber wissenschaftlich belegt, dass geringes Einkommen schon für sich allein genommen und erst recht in Verbindung mit gesundheitsgefährdenden Berufen die Lebenserwartung reduziert. Das gilt auch für ärmere Menschen, die weder rauchen noch Alkohol trinken.[9] Obwohl das Risikoverhalten einen großen Einfluss auf die Krankheitsentstehung hat, ist der Lebensstil allenfalls für ein Viertel der gesundheitlichen Ungleichheiten zwischen verschiedenen Einkommensgruppen verantwortlich.[10]

Die geringste Lebenserwartung haben all jene, die ungesunde Arbeit leisten und wenig verdienen, wobei auch das psychosoziale Umfeld eine Rolle spielen könnte.[11] Nach einer Schweizer Studie erreichen etwa 71 Prozent der Bauarbeiter das Rentenalter von 67 Jahren und verbringen im Mittel 7,98 Jahre in Rente, was der Lebenserwartung von 69,7 Jahren entspricht. Ein Lehrer kann hingegen damit rechnen, 78,4 Jahre alt zu werden und nach seiner Pensionierung noch 14,85 Jahre zu leben. Damit genießt ein Lehrer im Mittel 1,86-mal so viele Jahre im Pensionsalter wie ein Bauarbeiter in Rente.[12]

Während die unethischen Niedriglöhne derzeit ein großes öffentliches Thema sind und zu Recht durch einen Mindestlohn bekämpft werden sollen, macht sich noch niemand darüber Gedanken, zu welch extremer Rentenungerechtigkeit die niedrigen Löhne in den Berufen führen, die die Gesundheit stark belasten. Zuerst werden die Menschen dort bis zu 45 Jahre oftmals zu minimalen Löhnen beschäftigt. So zahlen Gartenbaubetriebe in Brandenburg ihren Beschäftigten der untersten Vergütungsgruppe laut Tarif 857 Euro brutto im Monat – das entspricht einem Stundenlohn von 4,71 Euro. Als Arbeiter im Sanitär-, Heizungs- und Klimahandwerk in Rheinland-Pfalz kommt man mit monatlich 863 Euro auf einen Stundenlohn von 5,15 Euro.[13] Die Arbeit selbst und die damit verbundene Armut, besonders wenn eine Familie ernährt werden muss, bescheren diesen Menschen dann eine kürzere Lebenserwartung und lassen sie ihre sehr kleine Rente nur wenige Jahre genießen.

Zwar steigt die durchschnittliche Lebenserwartung Jahr für Jahr. Aber sie steigt für die Einkommensstarken schneller als für die Einkommensschwachen, sodass sich die Ungerechtigkeit unseres Rentensystems in Zukunft eher verschärfen wird.[14] Der größte Verlierer unseres Rentensystems ist deshalb in der Regel derjenige, der ein Leben lang für ein niedriges Einkommen hart gearbeitet hat. Nur weil so viele dieser Menschen früh sterben und dadurch ihre Rentenansprüche früh «begraben» werden, können die hohen Renten für die lange lebenden Einkommensstarken ohne weitere Beitragssteigerung bezahlt werden.

Das Rentensystem ist nicht die Ursache für die großen Unterschiede in der Lebenserwartung zwischen Arm und Reich, aber es lebt davon. Denn es ist darauf angewiesen, wenn die Beitragssätze nicht steigen sollen. Hätten die Geringverdiener eine höhere Lebenserwartung, wäre der Beitragssatz nicht zu halten.

Dieses große Unrecht wird billigend in Kauf genommen und ist ein Tabuthema in der deutschen Rentenpolitik. Wir haben es hier nicht mit der Rentenlüge, sondern mit einer Lebenslüge des deutschen Rentensystems zu tun.

Bezeichnenderweise sind in unserem Zweiklassenstaat die Altersbezüge am höchsten für diejenigen mit der höchsten Lebenserwartung, nämlich die Beamten. Sie können im Alter über 71 Prozent ihres früheren Einkommens erwarten und leben im Durchschnitt noch 14,6 Jahre im Ruhestand, länger als alle anderen Berufsgruppen. 45-jährige Beamte erreichen zudem zu 86 Prozent das derzeit noch geltende Renteneintrittsalter von 65 Jahren, Arbeiter gleichen Alters hingegen nur zu 69,8 Prozent. Bei Selbständigen sind es immerhin 82,9 Prozent und bei Angestellten 82,0 Prozent.[15]

Beamte genießen damit auf Kosten des Steuerzahlers nicht nur eine umfänglichere Krankenversicherung und Versorgung beim Arzt als der Steuerzahler, der diese Versorgung bezahlen muss. Vielmehr liegen ihre Pensionen und deren Renditen weit über dem Durchschnitt, weil sie nichts einzahlen, aber die höchsten und längsten Auszahlungen erhalten. Zudem richtet sich ihre Pension nicht nach dem Durchschnitt der Verdienste des gesamten Berufslebens, sondern nach dem Verdienst vor dem Übertritt in die Rente.

Fünf Prozent der Bevölkerung über 65 Jahre erhalten eine Beamtenversorgung. Die durchschnittliche Höhe beträgt 1992 Euro netto je Bezieher. Für Versicherte in der gesetzlichen Rentenversicherung beläuft sich der Durchschnittsbetrag auf 769 Euro netto pro Person, in berufsständischen Versorgungen gibt es immerhin noch 1665 Euro netto pro Bezieher. Auch betriebliche Altersversorgungen können den Rückstand der gesetzlichen Rentenversicherung nicht wettmachen. 16 Prozent der Bevölkerung über 65 Jahre erhalten eine betriebliche Altersversorgung, und diese beträgt durchschnittlich 411 Euro netto monatlich.[16]

Die Versorgungsverpflichtungen der Länder und des Bundes für die kleine Gruppe der Beamten haben mittlerweile ein solches Niveau erreicht, dass der Steuerzahler einen immer größeren Anteil seiner Steuern aufbringen muss, um die Pensionen und die Beihilfe der ehemaligen Beamten zu finanzieren. Werden die Bezüge der Beamten lediglich um 1,5 Prozent jährlich angepasst, steigen die Versorgungsausgaben von Bund, Ländern und Gemeinden von derzeit 25,6 Milliarden Euro auf 74,6 Milliarden Euro im Jahr 2050. Bereits im Jahr 2030 betragen sie schätzungsweise 55,2 Milliarden Euro. Diese Lawine kann selbst durch das Einfrieren der Versorgungsbezüge nicht mehr gestoppt werden. Denn auch ohne Anpassung wachsen sie ins Uferlose und würden im Jahr 2030 36,3 Milliarden Euro verschlingen.[17]

Die einkommensschwachen Arbeiter zahlen somit nicht nur die höhere Rendite der länger lebenden Angestellten im Beitragssystem, sondern decken über ihre Steuern auch noch die teure Versorgung der Beamten mit ab. Eine Änderung ist nicht in Sicht.

Interessant sind die Argumente zur Verteidigung des Status quo, wenn die aus der kürzeren Lebenserwartung der Armen resultierende Ungerechtigkeit unseres Rentensystems überhaupt diskutiert wird. So befürchtet Bert Rürup, der Vorsitzende des Sachverständigenrats für Wirtschaft der Bundesregierung, in einem Beitrag für die «Zeit», dass die Benennung dieses Unrechts das Umlagesystem in der Gänze sprengen könne, und geht wohl davon aus, dass dann automatisch ein kapitalgedecktes System käme.[18] Dem liegt die unausgesprochene Annahme zugrunde, dass die Privilegierten in Deutschland das umlagefinanzierte System nur so lange akzeptieren, wie es ihnen nützt. Wäre dies nicht mehr der Fall, müsste den Lobbyisten der privaten Rentenversicherung nachgegeben werden.

Auch heißt es regelmäßig, Frauen würden von einem ähnlichen «Unrecht» profitieren, weil sie derzeit im Durchschnitt fast sechs Jahre länger leben. Das ist zwar richtig, ändert aber nichts daran, dass auch ärmere Frauen früher als reichere sterben. Einkommensschwache Frauen werden also im deutschen Rentensystem genauso wie einkommensschwache Männer benachteiligt. Die höhere Lebenserwartung von Frauen im Vergleich zu Männern ist größtenteils ein biologisches Phänomen, welches das Rentensystem im Gegensatz zu den unterschiedlichen Renditen von Armen und Reichen nicht ausgleichen muss.

Dass Arme früher sterben als Reiche, ist für jeden mit Gerechtigkeitssinn problematischer als die Tatsache, dass Frauen wegen eines besseren hormonellen Schutzes vor Herz- und Kreislauferkrankungen im Durchschnitt länger leben. Vor dem Hintergrund der gerade in Deutschland besonders ausgeprägten Einkommensunterschiede zwischen Männern und Frauen fällt es sehr schwer, Frauen als Privilegierte unseres Rentensystems zu erkennen. Umfragen zufolge verdienen Frauen selbst für vergleichbare Tätigkeiten 22 Prozent weniger als Männer, und daher fallen auch ihre Rentenansprüche entsprechend geringer aus.[19]

Bei der Begründung von Rentenkürzungen spielt die wachsende Lebenserwartung in der deutschen Rentenpolitik immer eine dominierende Rolle. Die großen Unterschiede in der Lebenserwartung zwischen Reich und Arm werden dabei außer Acht gelassen. Groteskerweise scheint selbst die Gesundheitspolitik nicht an ihrer Überwindung interessiert. Während unsere Arbeitgeber, die ihnen gewogenen Professoren und viele Gesundheitspolitiker in jeder Rede fordern, dass die Lohnnebenkosten gesenkt und insbesondere die Arbeitgeber vor Überlastung mit Beiträgen geschützt werden, kann ich mich nicht an eine einzige große Initiative oder auch nur eine bedeutende Rede in den letzten Jahren erinnern, die die Spaltung von Arm und Reich bei der Lebenserwartung zum Thema gemacht hätte.

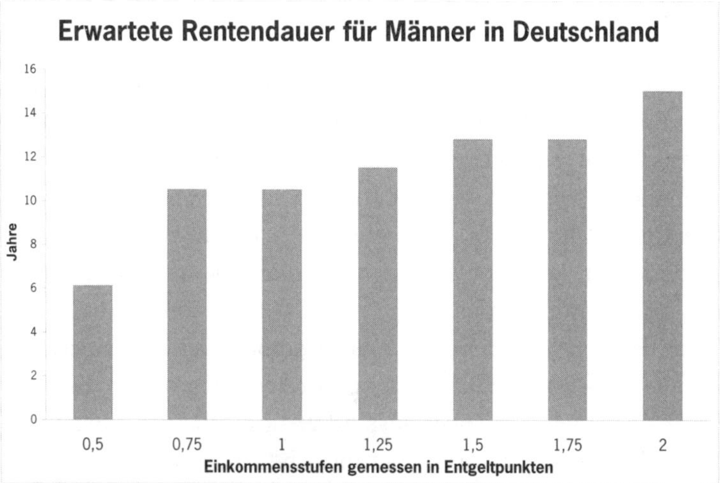

Quelle: Institut für Gesundheitsökonomie und Klinische Epidemiologie (IGKE) der Universität zu Köln

Abb. 21: Ein einkommensschwacher Mann hat weniger als halb so viele Jahre in Rente wie ein reicher.

In den skandinavischen Ländern und selbst im Großbritannien Tony Blairs ist dies ganz anders.[20] Die Angleichung der Lebenserwartung von Armen und Reichen müsste aber gerade in Deutschland ein riesiges Thema sein, weil hier die Unterschiede so groß sind.

Das Rentensystem ist in den letzten 18 Jahren auf eine sehr radikale Art reformiert worden, ohne dass das zentrale Gerechtigkeitsproblem dabei angegangen wurde. Es wurde nie öffentlich diskutiert, ob unser Rentensystem gerecht ist - nur ob es weiter bezahlbar bleibt und die Arbeitgeber nicht durch zu hohe Lohnnebenkosten belastet. Ausgeklammert wurde die Frage, ob die Lohnnebenkosten vielleicht auch deshalb so hoch sind, weil das Rentensystem sehr gut verdienenden Menschen eine Gesamtrente sichert, für die sie ein ganzes Stück mehr Eigenverantwortung tragen könnten.

Viel gerechter wäre ein Rentensystem wie in der Schweiz, wo aus Steuermitteln – also ohne Beitragsbemessungsgrenze – eine Grundrente für alle bereitgestellt wird und die Einkommensstarken für die Erhaltung ihres höheren Lebensstandards im Alter selbst vorsorgen müssen. Ein solches System beschert den Einkommensschwachen eine deutlich bessere Rendite, weil ihre Renten von den Einkommensstarken zu einem erheblichen Teil mitfinanziert werden, und es ist solidarisch, weil die Reichen die Armen unterstützen.

Im deutschen Rentensystem ist es genau umgekehrt. Darüber hinaus belastet die Finanzierung unserer Renten über Beiträge auch noch den Arbeitsmarkt stärker und führt zu einer höheren Arbeitslosigkeit, die wiederum den Einkommensschwachen mit schlechterer Bildung mehr schadet.

Die Lösung des Gerechtigkeitsproblems in der deutschen Rentenversicherung kann aber nicht in der Privatisierung der Rente bestehen. Niemandem sind heute private Zusatzrenten verboten. Aber der Abbau der Grundversorgung durch ein umlagefinanziertes gesetzliches System wäre ein schwerer Fehler, weil die Generation der noch jungen Beitragszahler dann sowohl die Kosten für die Umlagerente der älteren Beitragszahler übernehmen müsste als auch die Kosten für die eigene kapitalgedeckte Rente. Da diese Generation ohnedies deutlich kleiner ist als die Jahrgänge älterer Beitragszahler, wäre der Umstieg für sie unbezahlbar.

Die Ideologie von der Privatisierung der Rente verkünden fast immer Professoren, die ihre berufliche Anerkennung und einen großen Teil ihres Einkommens von den Konzernen erhalten, deren Geschäft sie betreiben. Dabei werden die Generationen in teils beschämender Weise gegeneinander aufgehetzt. Gerade jüngere Politiker profilieren sich oft mit diesem Thema. In der Illusion, für ihre Generation sprechen zu können, treten sie als Marktschreier der Versicherungskonzerne auf. Sie verlangen, dass Ältere «den Löffel abgeben»[21] oder auf ein künstliches Hüftgelenk verzichten[22]. Dabei übersehen sie, wer für ihre oft teure Ausbildung gezahlt hat und welche Privilegien ihnen vererbt wurden; gleichzeitig würden sie dadurch ihre eigene Generation am stärksten zusätzlich belasten.

Nein, die Privatisierung unseres Rentensystems wäre keine Alternative, nicht nur wegen der Doppelbelastung der Übergangsgeneration, die das alte System abwickeln und das neue System aufbauen müsste. Bislang hat noch keine private Sozialversicherung wirtschaftlicher gearbeitet als die staatlich getragenen Systeme. Weder in der Gesundheitsversorgung noch in der Arbeitslosen- oder der Pflegeversicherung haben Privatkonzerne vorgemacht, dass sie es besser können. Sie können es nur besser, wenn sie sich ihre Kunden selbst aussuchen dürfen – und das werden sie dann auch ohne zu zögern tun.

Die Riester-Rente

Das bestehende Rentensystem muss gerechter werden, indem es weiterentwickelt wird, nicht indem es abgewickelt wird. Zwei wesentliche Fehler der letzten Reformen gehören dabei korrigiert. Der erste Fehler betrifft die Art und Weise, wie die Riester-Rente eingeführt wurde. Die Riester-Rente ist eine steuerlich stark geförderte private Rentenversicherung, die durch Umwandlung von Gehaltsanteilen oder private Einzahlungen finanziert wird. Durch den staatlichen Zuschuss ist es möglich, bereits mit einem geringen monatlichen Beitrag einen Rentenanspruch zu erwerben.

Der grundsätzliche Ansatz der Riester-Rente, einen Kapitalstock im allgemeinen umlagefinanzierten Rentensystem aufzubauen, ist nicht falsch, weil so die Abhängigkeit der gesamten Rentenkasse von den jeweils aktuellen Beitragseinnahmen etwas reduziert wird. Ebenso sinnvoll ist es, die Versicherungsinstitute nicht in Wildwest-Manier auf die Kunden loszulassen, sondern Sicherungen einzubauen. Auch bürokratische Hemmnisse waren und sind nicht das Hauptproblem bei der Riester-Rente, die Konstruktionsfehler liegen an anderen Stellen.

Man hätte alle zum Abschluss einer Riester-Rente verpflichten müssen, weil ihre Einführung auch mit Rentenkürzungen für alle einhergegangen ist. Wer die Kürzung seiner gesetzlichen Rente nicht durch eine Riester-Rente abfedert, steht auf der Verliererseite. Dabei handelt es sich leider meist um einkommensschwache Personen, die die zusätzliche Riester-Rente in Zukunft besonders benötigen würden.

Nur als Pflichtrente hätte die Riester-Rente das Rentenniveau für alle halten können. Da aber gerade die Einkommensstarken die Riester-Rente in Anspruch nehmen, zahlen jetzt diejenigen, die weniger verdienen und auf eine Riester-Rente verzichten, den Steuerzuschuss für die Riester-Rente der Besserverdienenden: eine klassische Umverteilung von unten nach oben. Ihnen selbst droht später oft Altersarmut. Um das zu verhindern, war die Riester-Rente ursprünglich tatsächlich als Pflicht für alle vorgesehen.

Ein zweiter Fehler war die Delegation der Riester-Rente an die privaten Versicherungsunternehmen. Dies hat die Verwaltungskosten massiv erhöht. Das Beste wäre der Aufbau eines Kapitalstocks bei den bereits vorhandenen Rententrägern, etwa der gesetzlichen Rentenversicherung und den Beamten- und berufsständischen Versorgungen, gewesen. Damit wären den privaten Versicherungen zwar die Einnahmen für die Verwaltung der Versicherten und ihrer Beiträge entgangen, die Rendite und die Sicherheit der Riester-Rente hätten aber davon profitiert. Bis heute musste das Verfahren zur Einführung der Riester-Rente schon mehrfach vereinfacht werden. Trotzdem verdienen die Versicherungskonzerne ausgezeichnet an der Riester-Rente. Sie sind die größten Gewinner der Einführung.

In allen Industrieländern versuchen die Versicherungskonzerne ihr Geschäft auszudehnen, indem sie neben dem Privatkundengeschäft auch noch öffentliche Aufgaben übernehmen, um dafür aus Steuermitteln subventioniert zu werden. Insbesondere mit dem Demographieargument sollen Teile der staatlichen Systeme privatisiert werden. Die Kapitalrendite durch Steuergelder auf dem direktesten Weg zu erhöhen ist neben der Senkung von Steuern auf die eigenen Gewinne vornehmster Gegenstand der Lobbyarbeit der privaten Assekuranz, und in keinem Land gelang solch ein Coup wie in Deutschland mit der Einführung der Riester-Rente.

Eine Riester-Rente für alle, verwaltet und angelegt durch die öffentliche Rentenkasse, wäre eine echte Innovation gewesen. Stattdessen gab es zukünftige Rentenkürzungen für alle, eine Riester-Rente für zu wenige, vorwiegend Einkommensstarke und einen Steuerzuschuss für die Versicherungskonzerne. Zumindest ein Wettbewerb zwischen privaten Versicherungskonzernen und der staatlichen Rentenversicherung sollte entstehen – dann könnte jeder selbst entscheiden, wo er sein Geld besser und mit geringeren Verwaltungsabzügen aufgehoben sieht.

Die staatliche Rentenversicherung wendet insgesamt lediglich eineinhalb Prozent der Ausgaben für Verwaltung und Beratung auf.[23] Bei einer Bündelung von Riester-Rente und gesetzlicher Rente könnte die Rentenversicherung zudem den Überblick behalten, wie hoch die zukünftige Rente aus staatlicher Umlage und privater Vorsorge insgesamt ausfällt. Dies ist heute kaum möglich. Das Gesamtniveau der zukünftigen Rente lässt sich immer schwerer abschätzen.

Eine Überführung der gesamten Riester-Rente in die staatliche Rentenversicherung ist wegen der bereits abgeschlossenen Verträge nicht mehr möglich. Sinnvoll wäre aber nach wie vor die Pflicht zur Riester-Rente. Diese könnte durch die öffentlichen Rententräger etabliert werden. Jeder, der statt der Riester-Rente der öffentlich-rechtlichen Pflichtsysteme eine private Riester-Rente wollte, müsste auf Antrag aus dem System herausgehen können (Opting-Out-Modell). Für Arbeitslose und Sozialhilfeempfänger, die heute kein Geld haben, um die Riester-Rente abzuschließen, würden die Ämter die Einzahlungen übernehmen. Dies ist preiswerter und gerechter, als wenn diese Menschen im Alter auf Sozialhilfe angewiesen wären.

Die Rente mit 67

Auch bei der Rente mit 67 muss es dringend Nachbesserungen geben. Es ist eine Gerechtigkeitslücke, dass noch keine Maßnahmen beschlossen wurden, die sicherstellen, dass diese Reform nicht zulasten der Arbeitslosen und Kranken geht. Die Zahl der Personen im Alter von 60 bis 66 Jahren wird bis 2030 stetig steigen und dann um 1,6 Millionen Menschen höher sein als heute.[24] Während die Arbeitslosigkeit jüngerer Menschen bis dahin wahrscheinlich deutlich gesunken sein wird – die Rürup-Kommission geht von einer Arbeitslosenquote von 4,4 Prozent im Jahr 2030 aus –, könnte die Zahl der älteren Arbeitslosen höher sein als heute. Denn aufgrund der stetig steigenden Anforderungen an die Beschäftigten ist es unwahrscheinlich, dass die heute jungen Opfer unseres schlechten Bildungssystems mit über sechzig Jahren noch Aussicht auf Arbeit haben.

Arbeitslosigkeit im Alter ist eine Geißel der schlecht oder gar nicht Ausgebildeten. Für sie ist die Quote sechsmal so hoch wie für Akademiker. Während sich die Beschäftigungschancen von älteren Facharbeitern derzeit durch die ausgezeichnete Konjunktur und den Mangel an jüngeren Facharbeitern deutlich verbessern, bleibt die Lage für ältere Ungelernte oder Menschen mit geringer und verbrauchter Qualifikation äußerst trübe und gefährlich. Es muss sichergestellt sein, dass die Rente mit 67 nicht in erster Linie die Rentenansprüche der Arbeitslosen und der Kranken kürzt, die zwar offiziell erwerbsfähig sind, in Wirklichkeit aber wegen fehlender Gesundheit in ihrem Beruf keine Anstellung mehr bekommen können.

Die Rente mit 67 wird die Rentenbeitragssätze langfristig um insgesamt 0,4 Beitragssatzpunkte senken.[25] Die Entlastung der Beitragssätze fällt so gering aus, weil die Rente mit 67 das Verhältnis der Erwerbstätigen zu den Rentnern verbessert und deshalb die Wirkung des sogenannten Nachhaltigkeitsfaktors in der Rentenformel schwächt. Der Nachhaltigkeitsfaktor sorgt dafür, dass die Rente für alle etwas gekürzt wird, wenn es weniger Erwerbstätige und mehr Rentner gibt. Eine solche Kürzung ist unproblematisch, solange die Beitragsentlastung nicht auf Kosten der Kranken und Bildungsschwachen geht. Genau dieses Potential hat jedoch die Rente mit 67. Sie senkt besonders die Rente derer, die im Alter ohne Arbeit sind oder krankheitsbedingt keine Beiträge mehr einzahlen können.

Die Rente mit 67 ist nicht grundsätzlich falsch. Denn die Menschen leben länger und können somit auch länger arbeiten. Wir müssen aber sicherstellen, dass in Deutschland die Bedingungen für Altersteilzeitarbeit verbessert werden. Auch sollten die Gesundheit und die Weiterbildung von Beschäftigten stärker gefördert und die Erwerbsminderungsrente gerechter gehandhabt werden. Wenn durch Arbeitslosigkeit im Alter Rentenansprüche verloren gehen, droht Altersarmut. Der beste Schutz dagegen sind nicht die Appelle an die Unternehmen oder deren Zusagen für mehr Arbeitsplätze für Ältere, sondern Gesetze, welche die Voraussetzungen für mehr Weiterbildung, eine bessere Gesundheitsvorsorge und einen flexibleren Arbeitsmarkt in dieser Altersgruppe schaffen.

Doch auch wenn es all diese Abfederungen gäbe – die bestehende Ungerechtigkeit der besseren Rendite des Rentensystems für Reiche wird durch die Rente mit 67 dennoch eher weiter verschärft. Wenn die Geringverdiener zwei Jahre länger arbeiten müssen, beschneidet das ihre Rente relativ stärker als die der Besserverdiener. So wird die Rentengesamtbezugszeit im Vergleich zur Rente mit 65 für die Einkommensschwachen um 19 Prozent gekürzt, während die Kürzung für die Einkommensstarken nur 11 Prozent beträgt. Selbst wenn die Lebenserwartung bis zum Jahre 2030 um zwei oder drei Jahre anstiege, würde das die Ungerechtigkeit nicht beseitigen, weil die Lebenserwartung der Einkommensstarken stärker steigen dürfte als die der Einkommensschwachen.

Wie kann unser Rentensystem gerechter werden?

Damit das Rentensystem gerechter wird, aber bezahlbar bleibt, sollten folgende Reformen verfolgt werden:

Riester-Rente für alle

Die Riester-Rente sollte eine Pflichtrente für alle werden. Alte Verträge sollen und können nicht angetastet werden. Neue Verträge sollten durch die Rententräger selbst angeboten werden, in die der Versicherte automatisch aufgenommen würde, es sei denn, er wählt eine der jetzt auf dem freien Markt angebotenen Riester-Produkte (Opting-Out).

Für Arbeitslose, Sozialhilfeempfänger und weitere Gruppen, für die staatliche Stellen die Beiträge übernehmen, würde die Einzahlung durch den Träger der sonstigen Leistungen, also den Staat, die Kommune oder die Bundesagentur für Arbeit erfolgen. Damit wäre gewährleistet, dass alle, die von der Rentenkürzung betroffen sind, auch von dem Ersatz profitieren. Die Riester-Rente würde dann besonders den Einkommensschwächsten helfen.

Stärkung der Erwerbsminderungsrente

Die Erwerbsminderungsrente ist die Königsdisziplin eines gerechten Rentensystems, weil sie gleich mehrere Ungerechtigkeiten im Zweiklassenstaat kompensiert. Erstens sorgt sie dafür, dass diejenigen, die wegen einer Krankheit keine Chance auf einen Job haben, aber offiziell noch arbeitsfähig sind, den Arbeitsmarkt würdevoll verlassen können. So dürfen sie noch auf eine einigermaßen lange Rentenbezugszeit hoffen, ohne vorher durch eine demütigende Phase der Altersarbeitslosigkeit zu gehen.

Um jeden Missbrauch zu verhindern, muss sichergestellt werden, dass es sich hier nur um wirklich kranke Menschen handelt, nicht um Gesunde, die vom Arbeitgeber abgeschoben werden oder die das System ausnutzen wollen, indem sie früh in Rente plus Schwarzarbeit wechseln. Vor der Bewilligung einer Erwerbsminderungsrente müssen die tatsächlichen Beschäftigungschancen oder die Arbeitsfähigkeit des Kranken durch speziell ausgebildete unabhängige Ärzte überprüft werden. Erfahrungen im Ausland müssen dabei berücksichtigt werden. Die gegenwärtige Erwerbsminderungsrente ist in Deutschland schon deshalb kaum haltbar, weil die Gutachter nicht vollkommen unabhängig, sondern stark von den Interessen der Rentenversicherungsträger beeinflusst sind.

Zweitens führt die Erwerbsminderungsrente dazu, dass Menschen, die eine deutlich niedrigere Lebenserwartung haben, weil sie im Beruf oder durch Armut gesundheitlich schwer in Mitleidenschaft gezogen wurden, eine höhere Gesamtbezugsdauer der Rente erwarten können. Die Erwerbsminderungsrente kompensiert daher zumindest einen Teil der zentralen Ungerechtigkeit unseres Rentensystems. Sie tut das im Einzelfall und nicht vollständig.

Viele Einkommensschwache sind bis zum 67. Lebensjahr nicht erwerbsunfähig, aber trotzdem krank genug, um ihren

Job zu verlieren und später ihre Rente nicht lange genießen zu können. Mit einer Erwerbsminderungsrente wäre ihnen sehr geholfen. Sie würde auch die Rentenrenditen der Armen und Reichen angleichen und dafür entschädigen, dass die Renten nicht über Steuern, sondern über Beiträge ohne Progression bezahlt werden. Wir sollten uns hier ein Beispiel an anderen europäischen Ländern nehmen, die mit dem Instrument der Erwerbsminderungsrente weit weniger sparsam umgehen als wir.

Förderung von Altersteilzeit und Teilrente

Damit die Rente mit 67 angesichts der Alterung der riesigen Babyboomer-Generation nicht zu einer massiven Zunahme der Arbeitslosigkeit älterer Menschen mit geringer Qualifikation führt, müssen die Voraussetzungen für mehr Altersteilzeit und eine Teilrente verbessert werden. Schon heute erwirtschaften nur 38 Prozent der Männer die 45 Entgeltpunkte eines sogenannten Eckrentners, der als Modell des Durchschnittsrentners herangezogen wird. Bei westdeutschen Frauen sind es gerade mal 3 Prozent.

Der Arbeitsmarkt für ältere Menschen muss deutlich flexibilisiert werden. Es gehört zu einer humanen Gesellschaft, dass dem Wunsch, im späten Erwerbsalter nicht mehr voll oder im frühen Rentenalter weiterarbeiten zu wollen, Rechnung getragen wird. Der Übergang zwischen Arbeit und Rente sollte so flexibel sein wie der Übergang von Ausbildung, Studium und Weiterbildung in den Beruf. Dabei sollten auch mehr Möglichkeiten geschaffen werden, die Pflege der eigenen Eltern zu übernehmen.

Erhöhung des Steueranteils der Rentenversicherung

Der weitere Anstieg des Rentenbeitragssatzes muss über eine Erhöhung des Steueranteils der Rentenversicherung und nicht über weitere Rentenkürzungen gebremst werden. Am geeignetsten erscheint hierfür die progressiv wirkende Einkommensteuer. Da unser Rentensystem die Gutverdiener wegen ihrer höheren Lebenserwartung bevorzugt, wäre ein System der steuerfinanzierten Grundrente wie in der Schweiz gerechter. Dort zahlen die Einkommensstarken ohne Beitragsbemessungsgrenze in das System der Grundrente ein, die für die Einkommensschwachen eine höhere Rente ergibt. Da aber die Umstellung auf ein solches System genauso wenig möglich ist wie auf das System einer kapitalgedeckten Rente, wenn man die jüngeren Generationen nicht überlasten will, kann man sich «idealer» Gerechtigkeit hier nur nähern, indem der Steueranteil der Rente erhöht wird und somit die Progression bei den Beiträgen zunimmt.

Das Rentensystem vollendet in Deutschland den Zyklus der vererbten Chancenlosigkeit. Kinder, die in bildungsfernen Familien aufwachsen, haben weder ein Studium noch eine gute Ausbildung zu erwarten, selbst dann nicht, wenn sie intelligent sind. Sie finden zwar Arbeit, und wenn sie Glück haben, entgehen sie längeren Phasen der Arbeitslosigkeit. Aber wegen der fehlenden sozialen Kontrolle am Arbeitsplatz und ihres geringen Einkommens sind sie stärker von chronischer Krankheit bedroht. Im Durchschnitt werden sie außerdem deutlich früher krank, als sie es in einer besseren sozialen Situation gewesen wären.

So wie das Bildungssystem ihre Nachteile nicht ausgeglichen, sondern verstärkt hat, bewirkt die Zweiklassenmedizin, dass die von vorneherein Benachteiligten sich weiter entfernen von den Menschen, die sie hätten sein können. Daher erklärt sich ihr hohes Risiko, noch vor dem Einstieg in die Rente so krank zu sein, dass sie arbeitslos werden und einen großen Teil ihrer Rentenansprüche verlieren. Die Erwerbsminderungsrente hätte sie vor solchen Rentenverlusten schützen können, der Zugang dazu wird aber in Deutschland besonders streng gehandhabt. Deutschland hat einen besonders niedrigen Anteil an erwerbsunfähigen Menschen, obwohl gerade in Deutschland die Lebenserwartung von Geringverdienern sehr niedrig ist und man davon ausgehen muss, dass es sehr viele Erwerbsunfähige in ihren Reihen gibt. Wenn am Ende des Lebens eine geringe Rente oder gar Altersarmut folgt, bleiben oft nur wenige Lebensjahre.

Wegen ungerechter Verteilung der Chancen in dieser Gesellschaft erreichen zu viele in unserem Land nie ihre Möglichkeiten. Natürlich wird nicht jeder einen interessanten Beruf haben, gesund bleiben, gut verdienen oder lange leben. Aber der Staat darf die Chancen nicht so verteilen, dass es für all das fast nur darauf ankommt, in welche Familie man hineingeboren wird. Vollends inakzeptabel ist es, wenn die Reichen sich ihre Leistungen wie im Fall der Renten auch noch von den Armen bezahlen lassen. Deshalb muss unser Rentensystem umgebaut werden.

Von der Wiege bis zur Bahre: Pflege im Zweiklassenstaat

Meine Eltern leben auf dem Land in einem alten, allein stehenden Haus, welches viel Arbeit bereitet. Selbst mit ihren über siebzig Jahren sind sie maximal motiviert, das alte Haus und ihre Eigenständigkeit zu verteidigen, seit gegenüber ein großes Pflegeheim gebaut wurde. Denn dass sie dort regelmäßig diverse Notärzte, Krankentransporte und den Leichenwagen vorfahren sehen, mobilisiert alle ihre Kräfte. Ihnen genügt der äußere Eindruck und was sie hören, mehr wollen sie nicht wissen. Wahrscheinlich haben sie recht. Wüssten sie um die Zustände innerhalb der Pflege, bekämen sie sicherlich noch mehr Angst.

Die Pflegeversicherung ist die jüngste Ergänzung unseres Sozialstaates und wurde erst 1994 durch Sozialminister Norbert Blüm (CDU) eingeführt. Im Gegensatz zur Rentenversicherung aus dem Jahre 1889 oder der Krankenversicherung aus dem Jahre 1888 musste man bei ihrer Einführung keinen Kompromiss zwischen historischen Gegebenheiten auf der einen Seite und dem für die Zukunft Wünschenswerten schließen. Eine gerechte und effiziente Pflegeversicherung wäre also möglich gewesen: Es gab weder Altlasten noch Vorverabredungen.

Angesichts dieser Ausgangslage muss das Ergebnis als sehr enttäuschend bewertet werden. Zehn Jahre nach ihrer Einführung ist die Pflegeversicherung mehr oder weniger pleite, wird völlig ungerecht finanziert, leidet unter Ineffizienz und weist so gravierende Qualitätsdefizite auf, dass sich darüber Bestseller wie «Abgezockt und totgepflegt» von Markus Breitscheidel schreiben lassen.[1]

Unsolidarische Finanzierung der Pflegeversicherung

An keinem anderen Sozialsystem lässt sich die schädliche Einflussnahme der Privilegierten so gut studieren wie am Beispiel der Pflegeversicherung. Zuerst wurde sichergestellt, dass sie nur als eine Teilkaskoversicherung für alle das Licht der Welt erblickt. Der Eigenanteil der Versicherten sollte mindestens 25 Prozent der entstehenden Pflegekosten betragen. Schon das war ein Fehler.

Weshalb sollten Einkommensmillionäre oder die Erben großer Vermögen zu einer zusätzlichen Teilkaskoversicherung für die Pflege gezwungen werden? Krankheit kann heute so teuer sein, dass selbst sehr reiche Menschen die Behandlung nicht zahlen können. Eine halbe Million Euro kann innerhalb weniger Monate verbraucht werden. Daher ist eine Krankenversicherungspflicht für alle natürlich sinnvoll und kann als eine der wenigen Errungenschaften der gerade beschlossenen Gesundheitsreform betrachtet werden. Aber eine Pflegeversicherung, die jährlich maximal 18 Milliarden Euro (2006)[2] ausschüttet – bei einer durchschnittlichen Pflegedauer von 15,4 Monaten für Männer und 29,4 Monaten für Frauen[3] –, hat für Einkommensstarke keinen Sinn. Die Hälfte der Haushalte erbt mehr als 50000 Euro.[4] Daher wurde die Pflegeversicherung für die Einkommensstarken zur Erbenschutzversicherung.

Für die Einkommensschwachen wiederum bringt eine Teilkaskoversicherung zu wenig. So kostet der Heimplatz in der höchsten Pflegestufe III im Durchschnitt 2710 Euro.[5] Nur etwa sechzig Prozent dieser Kosten (1432 Euro bei vollstationärer

Versorgung und im Härtefall 1688 Euro) werden von der Pflegeversicherung gedeckt.

Bei der Pflegeversicherung wäre im Gegensatz zur Krankenversicherung eine Begrenzung der Ansprüche auf die Einkommensschwachen ohne Erbe sinnvoller gewesen, während alle die Pflegeversicherung finanziert hätten. Sie wäre dann ein Schutz im Pflegefall gewesen für all diejenigen, die im Alter arm sind. Dadurch wäre die Abhängigkeit von der Sozialhilfe bei vielen älteren, bedürftigen Menschen nicht eingetreten.

Viel sinnvoller als eine Zwangsteilkaskoversicherung für alle wäre hier eine Vollkaskoversicherung mit einer ausreichend hohen Selbstbeteiligung für diejenigen gewesen, die eine solche Versicherung auch wirklich brauchen. Die Ausgaben der Pflegeversicherung wären dann in etwa die gleichen gewesen, allerdings wären sie da angekommen, wo sie hingehört hätten. Stattdessen wurde beschlossen, dass sich der Zuschuss, den die Einkommensstarken und auch die privat Versicherten für die Pflege erhalten, nicht von dem unterscheidet, der den vielen einkommensschwachen gesetzlich Versicherten und den wenigen einkommensschwachen privat Versicherten zusteht.

Der nächste Fehler war, dass man nicht eine, sondern zwei Pflegeversicherungen aufgebaut hat. Wenn sowieso alle die gleiche Leistung bekommen, läge es doch nahe, alle in die gleiche Versicherung einzahlen zu lassen. Stattdessen wurden die solidarische und die private Pflegeversicherung, analog und ergänzend zum Krankenversicherungssystem, eingeführt. So ist eine völlig unnötige doppelte Bürokratie entstanden, die für die Pflegeversicherung im Übrigen in allen Bereichen bis heute das herausragende Merkmal ist.

Damit aber die privat Versicherten einen Vorteil aus ihrer im Durchschnitt deutlich besseren Gesundheit und ihrem höheren Einkommen ziehen können, wurde ein dritter Fehler gemacht. Die privat Pflegeversicherten wurden im Beitrag von der solidarischen Pflegeversicherung der gesetzlich Versicherten befreit und bekamen eigene Prämien. Der Gesetzgeber legte fest, dass diese nicht höher ausfallen dürfen als vergleichbare Beiträge in der gesetzlichen Pflegeversicherung. Dies ist eine im wahrsten Sinne des Wortes absurde Regelung. Sie besagt, dass der in der Regel gesündere Einkommensstärkere die Pflegekosten der im Durchschnitt weniger gesunden Einkommensschwächeren nicht mitfinanzieren muss und dafür auch noch Prämien garantiert kriegt, die maximal so hoch wie die Beiträge sind, die im gesetzlichen System auf ihn entfallen würden.

Die getrennten Finanzkreisläufe der gesetzlichen und privaten Pflegeversicherung haben dazu geführt, dass man heute für eine der gesetzlichen vergleichbare, private Teilkaskoversicherung im Durchschnitt nur die Hälfte zahlen muss. Da sich aber lediglich Beamte, Angestellte mit Einkommen über der Versicherungspflichtgrenze oder Selbständige privat versichern dürfen, läuft es darauf hinaus, dass man gut verdienen muss, um sich preiswerter versichern zu können. Das System ist vergleichbar mit einem fünfzigprozentigen Rabatt auf die Teilkaskoversicherung für Autos, den man jedoch nur als Beamter, Selbständiger oder Gutverdiener erhält. Oder mit einem Teilkaskorabatt, den der Gesetzgeber auf Mercedes- oder BMW-Fahrer begrenzen würde.

Es hat hier den Anschein, als ob die Beamten Gesetze nur für sich und die anderen Privilegierten in Deutschland gemacht hätten. Es wurde sichergestellt, dass die Beamten einen bis zu siebzigprozentigen Zuschuss zur Pflege bekommen, nur der Rest muss privat versichert werden. Privat Versicherte und Beamte haben dabei ein deutlich kleineres Risiko, überhaupt pflegebedürftig zu werden. Das erklärt ihre geringeren Pflegekosten. Pro Monat gibt die Private Pflegeversicherung nur ein Viertel so viel je Mitglied aus wie die Gesetzliche Pflegeversicherung. Dabei sind die Ausgaben der Beihilfe bereits mitberücksichtigt.[6]

Das erhöhte Pflegerisiko der Armen

Ärmere Menschen sind von fast allen chronischen Erkrankungen stärker betroffen, die das Risiko der Pflegebedürftigkeit im Alter erhöhen. Sie leiden häufiger an Herz- und Kreislauferkrankungen, Bluthochdruck, Krebs, der Zuckerkrankheit und an Demenz. Lediglich Asthma und Brustkrebs treten bei Wohlhabenden öfter als bei Einkommensschwachen auf, was sie aber nicht zum Pflegefall werden lässt.

Besonders krass wirkt sich der Einkommensunterschied auf die geistige Verfassung der Alten aus: Ärmere Menschen erkranken viel öfter an den beiden Hauptformen der Demenz, der Alzheimer'schen Erkrankung und der sogenannten vaskulären Demenz.[7] So zeigte beispielsweise eine Studie, die 2000 israelische Angestellte des öffentlichen Dienstes einschloss, dass das Risiko, an Demenz zu erkranken, drei- bis sechsfach größer war für diejenigen mit dem niedrigsten sozioökonomischen Status im Vergleich zum höchsten sozioökonomischen Status.[8] Das ist von großer Bedeutung, weil mittlerweile etwa die Hälfte aller in Heimen aufgenommenen pflegebedürftigen Menschen geistig eingeschränkt ist.

Was sind die Gründe dafür, dass die Geisteskraft der Einkommensschwachen im Alter so viel stärker nachlässt als bei Besserverdienenden? Erstens haben sie mehr Risikofaktoren. Dazu zählen insbesondere der Bluthochdruck, erhöhte Cholesterinwerte, das Rauchen, zu hoher Alkoholkonsum und die Zuckerkrankheit. Leider erklären viel zu wenige Ärzte ihren Patienten, dass sie durch hohe Blutdruck- oder Cholesterinwerte ihr Gehirn massiv schädigen.

Ein schlecht behandelter Bluthochdruck im Alter von vierzig Jahren führt in der Regel dazu, dass die Betroffenen ab dem siebzigsten Lebensjahr die ersten Zeichen einer Demenz zeigen. Auch die meisten Diabetiker müssen im Alter mit geistigem

Verfall rechnen. Ein besonders großes Pflegerisiko ergibt sich, wenn Diabetiker unter Bluthochdruck und erhöhten Cholesterinwerten leiden. Diese Kombination ist leider nicht selten.

Ab dem siebzigsten Lebensjahr streiten bei Menschen mit Risikofaktoren der Herzinfarkt, der Schlaganfall, die Nierenschwäche und zunehmende Demenz darum, welche Krankheit im Körper den größten Schaden anrichtet. Alle genannten Risikofaktoren sind unter den Einkommensschwachen verbreiteter als unter den Einkommensstarken und neben der Zweiklassenmedizin mit dafür verantwortlich, dass in Deutschland die wenigen privat versicherten Frauen im Durchschnitt etwa 5,3 Jahre und die Männer 7,1 Jahre länger leben als die gesetzlich versicherte Mehrheit der Frauen und Männer.[9]

Der zweite Grund für das deutlich größere Pflegerisiko von gesetzlich Versicherten liegt in ihrer geringen Bildung. Denn eine gute Bildung ist überraschenderweise der beste Schutz gegen geistigen Verfall überhaupt. So hat sich gezeigt, dass die Dauer der Schulbildung selbst Jahrzehnte später vor Demenz schützen kann. Das Gehirn baut offenbar vor allem in der Kindheit und Jugend, angeregt durch Lernen und Denken, eine Reserve von Zellenverbindungen auf, die im Laufe des Lebens verbraucht wird. Während ein großer Teil der privat Versicherten Abitur aufweist oder gar studiert hat, ist die gesetzliche Pflegeversicherung das Auffangbecken für alle, die über nur eine sehr geringe schützende Bildung verfügen.

Der dritte Nachteil für die einkommensschwachen, gesetzlich Pflegeversicherten besteht darin, dass sie meist zu einem geringeren Grad in soziale Netze eingebunden sind, was ihren geistigen Verfall beschleunigt. Wissenschaftlich belegt ist, dass soziale Kontakte eine Schutzfunktion für das Gehirn haben. Der Wirkmechanismus ist noch nicht ganz geklärt. Aber wahrscheinlich stärkt die soziale Interaktion und Kommunikation Verbindungen der Gehirnzellen untereinander. Auch hormonelle

Faktoren scheinen eine Rolle zu spielen. Einsame Menschen erkranken demnach deutlich öfter an Demenz und werden entsprechend häufiger zu Pflegefällen.[10]

Es ist traurig, aber wahr: Die ungerechten Verhältnisse in den ersten Lebensjahren eines Menschen, die zu schlechten Bildungschancen und lebenslanger Diskriminierung für die Verlierer der sozialen Lotterie führen, wirken selbst im hohen Alter noch. Obwohl die Kinder der bildungsfernen Schichten kein sichtbares Stigma tragen, sind sie gezeichnet und müssen bis zuletzt unter erschwerten Bedingungen leben.

Angesichts der genannten Nachteile kann es niemanden überraschen, dass die Gesetzliche Pflegeversicherung viermal höhere Kosten pro Mitglied zu schultern hat als die Private Pflegeversicherung. Doch genau wie in der gesetzlichen Krankenkasse bezahlen auch hier die privat Versicherten das besonders hohe Risiko der kranken und einkommensschwachen gesetzlich Versicherten nicht mit. Das ist eine völlig unbegründbare Ungerechtigkeit. Denn fast alle Menschen, die schon von Kindesalter an krank oder behindert sind und eine dementsprechend teure, lebenslange medizinische Betreuung benötigen, landen im System der Gesetzlichen Krankenversicherung und später, wenn die Pflege ansteht, in der Gesetzlichen Pflegeversicherung.

Jugendliche Diabetiker sind so gut wie immer Mitglieder einer gesetzlichen Krankenkasse, weil die Private Krankenversicherung sie allenfalls gegen horrende Risikozuschläge aufnähme, die nur die wenigsten Eltern bezahlen können und wollen. In der Regel übernimmt also die Solidargemeinschaft der gesetzlich Versicherten die lebenslangen Kosten dieser Menschen, die bereits von klein auf auf Insulin und mitunter auch andere Medikamente angewiesen sind. Später führt ihre Erkrankung oft zu Komplikationen, und im Alter werden sie nicht selten pflegebedürftig. Tritt dieser Fall ein, zahlt wieder die gesetzliche Pflegekasse. Die Gruppe der privat Versicherten hat sich nie an den Kosten beteiligt.

Bezeichnend ist die Einlassung der Lobbyistin der Privaten Krankenversicherung bei der Anhörung zur gerade beschlossenen Gesundheitsreform. Sie verwahrte sich gegen den Eindruck, die Private Krankenversicherung diskriminiere geistig behinderte Menschen. Mit den Worten: «Auch Menschen, die beispielsweise an einer Herzerkrankung oder dergleichen leiden, würden wir nicht aufnehmen können, also keine Ungleichbehandlung zwischen körperlichen und psychischen Erkrankungen»[11], gab sie unter Hohngelächter des ganzen Saals entwaffnend offen zu, dass die Private Krankenversicherung auch alle anderen Kranken nach Möglichkeit ablehne. Eine Private Kranken- und Pflegeversicherung, die Kranke und Behinderte diskriminiert und ihnen indirekt im Rahmen der Zweiklassenmedizin den Zugang zu Spezialisten erschwert, ist eine Schande für unser Land.

Auch in der Pflegeversicherung zahlen die freiwillig im Solidarsystem verbleibenden Gutverdiener die Rechnung für die wirklich kranken und behinderten Menschen mit geringem Einkommen mit. Dabei müssen sie schon jetzt einen Beitragssatz von durchschnittlich 13,9 Prozent für die Krankenversicherung aufbringen plus einen Sonderbeitrag von 0,9 Prozent für die Krankenversicherung plus einem Beitragssatz von 1,7 Prozent (1,95 Prozent bei Kinderlosen) für die Pflegeversicherung plus 2 Prozent ihres Einkommens als Zuzahlung, falls sie selbst erkranken. Die Gesamtbelastung liegt bei bis zu 18 Prozent ihres Einkommens (mit Arbeitgeberanteilen).[12]

Demnächst soll zusätzlich noch eine kleine Kopfpauschale für die Krankenversicherung erhoben werden. Einige Gesundheitspolitiker schlagen jetzt eine weitere kleine Kopfpauschale von monatlich sechs Euro für die Pflegeversicherung vor, die dann jährlich ansteigen soll. Den privat Versicherten blieben beide zusätzlichen Pauschalen erspart. Noch besser ginge es den Beamten. Sie bekämen alle genannten Leistungen zu 50 bis 70 Prozent vom Staat als Beihilfe bezahlt.

Würden die privat Versicherten wie die gesetzlich Versicherten auch 1,7 Prozent (bzw. 1,95 Prozent) ihres Arbeitseinkommens für die Pflege aufbringen, stünden der Gesetzlichen Pflegeversicherung mehrere Milliarden Euro pro Jahr mehr zur Verfügung.[13] Die Gerechtigkeitslücke wächst stattdessen weiter. Nur die Private Pflegeversicherung weist einen Überschuss auf und hat bis Ende 2006 Rücklagen von 15 Milliarden Euro angehäuft.[14] Ohne die sehr günstige konjunkturelle Lage seit 2005 und die einmalige Einziehung eines zusätzlichen Monatsbeitrags wäre die Gesetzliche Pflegeversicherung bereits im Jahr 2007 ins Defizit geraten und hätte alle Rücklagen verbraucht.

Da die Pflegeversicherung nur eine Teilkaskoversicherung ist und die tatsächlichen Pflegekosten zu höchstens 75 Prozent abdeckt, hat sich auch in diesem Bereich eine massive Zweiklassenversorgung entwickelt. 2004 erhielten 328 000 gesetzlich Pflegeversicherte «Hilfe zur Pflege» durch die Landkreise oder Landschaftsverbände.[15] In der Pflege werden Arm und Reich so unterschiedlich versorgt, dass diese Leistungen im Gegensatz zum Krankenhausbereich schon nicht mehr in ein und derselben Einrichtung erbracht werden können.

Während die Zweiklassenmedizin innerhalb eines Krankenhauses greift und die privat Versicherten dort «nur» die besseren Behandlungen bekommen, sind die meisten vermögenden Pflegebedürftigen in eigens für sie errichteten Edelpflegeheimen untergebracht, die eine erstklassige Versorgung und das Ambiente eines Hotels bieten. Demgegenüber weist die Versorgung der meisten gesetzlich versicherten Pflegebedürftigen massive Qualitätsprobleme auf und wird durch bürokratische Hemmnisse erschwert.

Schockierende Zustände in der Pflege

Anders als die Güte der Gesundheitsversorgung wird die Qualität der Pflege relativ genau untersucht. Zum einen ist das hier einfacher, weil man sich dabei auf einige wenige Punkte konzentrieren kann, zum anderen spielen Ärzte in der Pflegeversorgung eine geringere Rolle. Daher wehren die Ärztefunktionäre die Qualitätskontrollen nicht so stark ab wie im Krankenhausbereich.

Die wichtigste Qualitätsuntersuchung in der Pflege muss laut Sozialgesetz alle drei Jahre erfolgen und wird vom Medizinischen Dienst der Spitzenverbände der Krankenkassen (MDS) durchgeführt. Sein erster und bisher einziger Qualitätsbericht stammt aus dem Jahre 2004, ein neuer Bericht ist 2007 zu erwarten. Untersucht und ausgewertet wurden 2721 Pflegefälle aus 807 ambulanten Diensten und 4721 Pflegefälle in 807 stationären Einrichtungen. Dabei wurden im ambulanten Bereich 17 Prozent der Prüfungen unangemeldet durchgeführt, im stationären Bereich sogar 55 Prozent.[16]

Die Ergebnisse dieses Untersuchungsberichts sind nach wie vor sehr lesenswert.[17] Er weist gravierende Qualitätsmängel in der Pflege nach. So stellte sich heraus, dass in 41 Prozent der stationären und in 39 Prozent der ambulanten Fälle die zu Pflegenden nicht richtig ernährt und nicht ausreichend vor Austrocknung und chronischem Verdursten geschützt wurden. Auch der Schutz vor dem gefährlichen «Durchliegen» der Haut bei bettlägerigen Pflegebedürftigen war nur in 57 Prozent der stationären Fälle angemessen. Durch Umlagerungen oder besondere Betten könnten die Alten vor diesem Schicksal bewahrt werden. Es ist fatal, wenn dies nur ungenügend geschieht. Das Durchliegen der Haut und die damit verbundene Entstehung von Druckgeschwüren kann zum Tod führen.[18]

Darüber hinaus wurde bei jedem fünften überprüften Pflegeheimbewohner eine unzureichende Inkontinenzversorgung festgestellt. Bei Inkontinenz kann der Patient seinen Harndrang nicht ausreichend kontrollieren. Für die Betroffenen ist das ein sehr schwieriger und oft entwürdigender Zustand. So klagt ein Pflegeheimbewohner: «Gibt es ein Gesetz, das einen alten Menschen zwingen kann, in die Windel zu machen? Er kann noch selber stehen, er meldet sich auch, wenn er zur Toilette muss ... Aber in dem Heim wird er gezwungen, in die Windel zu machen ... Wenn er läutet, kommt niemand ...»[19]

Besonders gravierend ist die Praxis des mechanischen oder chemischen Fixierens der Heimbewohner. Damit sie den Pflegern nicht mehr Arbeit als nötig machen oder weil sie vor Stürzen auf möglichst einfache Art bewahrt werden sollen, stellt man viele Menschen sowohl in der stationären als auch in der häuslichen Pflege ruhig, indem man sie an das Bett oder einen Stuhl bindet und sie mit Beruhigungsmitteln in einen Dämmerzustand versetzt. Bei fast jedem zehnten betroffenen

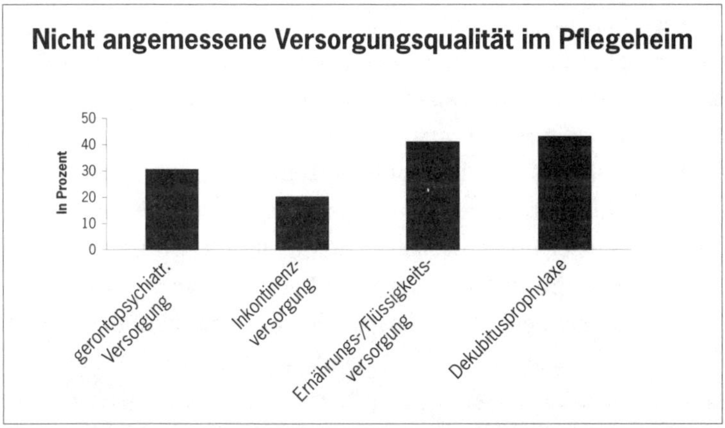

Quelle: «Qualität in der ambulanten und stationären Pflege» (2004). 1. Bericht des MDS nach § 118 des XI. Sozialgesetzbuchs

Abb. 22: In etwa einem Drittel der Fälle war die Versorgung im Pflegeheim nicht angemessen.

Pflegeheimbewohner entsprach dabei die Vorgehensweise nicht den gesetzlichen Anforderungen. Auch Todesfälle kommen bei unsachgerechter Fixierung vor – sie landen zur Begutachtung beim Bundesinstitut für Arzneimittel und Medizinprodukte in der Abteilung Risikobewertung.[20]

Diese unmoralischen Techniken werden laut einer Studie des Vorsitzenden der «Bonner Initiative gegen Gewalt im Alter e. V.», Rolf Hirsch, noch viel zu häufig angewendet[21], obwohl bekanntlich gerade Bewegung und Gespräche den geistigen und körperlichen Verfall älterer Menschen bremsen. So sterben Alzheimer-Patienten früher, wenn sie beruhigende Medikamente bekommen.[22]

In der Fachwelt war man schockiert angesichts der Ergebnisse des Pflegeuntersuchungsberichts. Umso erstaunlicher mutet es an, dass der Medizinische Dienst, der dem Bundesgesundheitsministerium unterstellt ist, zu einem sehr milden Urteil über den Zustand der deutschen Pflege gelangt. So heißt es in der Presseerklärung zum ersten Qualitätsbericht: «Die Pflege bewegt sich in Deutschland … bei über 90 Prozent der Pflegebedürftigen auf einem angemessenen Niveau. Damit relativiert unser Bericht Darstellungen, die die Pflege in Deutschland generell als defizitär beschreiben.»[23]

Wie groß müssen die Probleme sein, bevor der MDS selbst Alarm schlägt?! Wären die Krankenstationen in deutschen Krankenhäusern nachweislich derart minderwertig, müssten die betroffenen Einrichtungen sofort geschlossen werden.

Die unterschiedlichen Ansprüche an Krankenhäuser und Pflegeheime sagen eine Menge darüber, wie wir über die alten Menschen denken, die in diesen Heimen leben müssen. Hier scheint die Qualität eine Kür, keine Pflicht. Die in Pflegebedürftigkeit verbrachte Lebenszeit beträgt, wie gesagt, für Männer im Mittel nur noch 15,4 Monate und für Frauen 29,4 Monate.[24] Sie endet für fast alle betroffenen Menschen mit dem Tod, daher werden die Pflegeeinrichtungen zunehmend wie Leichthospize gesehen.

Die erheblichen Qualitätsprobleme in den deutschen Pflegeheimen werden genauso tabuisiert wie die Zweiklassenmedizin. Der Bericht des Medizinischen Dienstes der Krankenversicherung ist das beste Zeugnis dafür. Dabei weiß die Öffentlichkeit mittlerweile genau Bescheid, weil etwa jeder vierte Haushalt einen pflegebedürftigen Verwandten hat. Es ist nur zu verständlich, dass sich die älteren Menschen mit Händen und Füßen gegen eine Einweisung in ein Heim wehren.

Noch viel skandalöser als die verharmlosenden Worte, mit denen der Medizinische Dienst der Spitzenverbände der Krankenkassen seine eigenen Untersuchungsergebnisse beschönigt, ist jedoch die Tatsache, dass seine Aussagen über die Qualität einzelner Pflegeeinrichtungen weder den Krankenkassen noch Privatpersonen zur Verfügung gestellt werden, die ein gutes Heim für die eigenen Angehörigen suchen. Obwohl die Gutachter des Medizinischen Dienstes von den Beiträgen der Versicherten finanziert werden, erhalten die Versicherten selbst keine Auskunft über die Qualität der geprüften Heime und Pflegedienste.

Man hat sich für den «beratenden Einsatz» dieser Untersuchungen entschieden, das heißt, die Ergebnisse werden nur den Pflegeeinrichtungen offengelegt. So landen die Versicherten und ihre Angehörigen mitunter in vergleichsweise schlechten Heimen, ohne dass sie es jemals erfahren.

Aus Rücksicht auf die privaten Anbieter der Leistungen, die Besitzer der großen Heimketten und die öffentlichen Anbieter wurde auf die Transparenz verzichtet, die es aber gerade den Menschen mit geringer Rente oder Vermögen erlauben würde, die richtige Wahl zu treffen. Eine voll ausgestattete Luxuseinrichtung wird gerne alle aussagekräftigen Daten für den Kunden bereitstellen: Am oberen Ende des Spektrums der Versorgung kann man bei der Auswahl des Heims nicht viel falsch machen.

Aber es gibt Heime und Pflegedienste, in denen die Mehrzahl der Patienten schlecht versorgt wird. Diese Heime sind dem Medizinischen Dienst der Krankenversicherung bekannt, ihre Untersuchungsergebnisse können aber nicht abgerufen werden. Dabei wären sie im Gegensatz zur Bewertung komplizierter Vorgänge in der Medizin für jeden leicht nachvollziehbar. Jeder versteht, dass die Heimbewohner nicht genug Flüssigkeit erhalten und gefährlich austrocknen oder dass sie sich wund liegen und zu viele Beruhigungsmedikamente bekommen. Doch eben weil die Berichte jeder versteht, sind sie auch so gefährlich für die schlechten Einrichtungen und dürfen nicht veröffentlicht werden.

Dokumentationswahn und Übermedikalisierung

Nicht nur die fehlende Transparenz und der mangelnde Wettbewerb schaden der Güte unserer Pflege, sie leidet zudem unter einem regelrechten Dokumentationswahn. Nach einer Studie unseres Instituts für Gesundheitsökonomie und Klinische Epidemiologie gehen in Pflegeheimen 18 Prozent der Pflegezeit durch die Dokumentation verloren. Auf Deutschland hochgerechnet werden also rund 80000 Menschen, die in der Pflege arbeiten, allein für die Dokumentation bezahlt.

Geradezu bizarr ist die Tatsache, dass diese Dokumentation weder für die Pflege selbst noch für die Qualitätssicherung eine Rolle spielt. Die Daten werden in der Regel überhaupt nicht ausgewertet. Sie werden nur gesammelt und übertragen, landen irgendwann im Archiv und werden letztlich vernichtet.

Bei Projekten unseres Institutes in Pflegeheimen drängte sich allen Mitarbeitern unabhängig voneinander der Eindruck auf, nicht Norbert Blüm, sondern Franz Kafka wäre der Erfinder der deutschen Pflegeversicherung gewesen. Die Pflege wird so intensiv dokumentiert, dass man meinen könnte, die Dokumentation sei wichtiger als die Pflege selbst.

Wenn ein großer Teil der Pflegekräfte der deutschen Sprache nur teilweise mächtig ist, wie dies gerade auf Fachpersonal aus den osteuropäischen Ländern zutrifft, wird die geforderte Dokumentation zur Plage. Als ob die Verständigung zwischen nicht selten schwerhörigen älteren Menschen und ausländischen Helfern nicht schon kompliziert genug wäre, wird die wertvolle Pflegezeit mit unnützer Bürokratie verschwendet. Das kann den Beruf für die oft hochmotivierten und den Patienten ehrlich zugetanen Pflegerinnen und Pfleger zur Qual machen.

Das System der Dokumentation wird in der jetzigen Form von niemandem verteidigt, auch ein Erfinder lässt sich im Nachhinein nicht mehr ausmachen. Die Leistungen werden in Minuten gemessen und aufgeschrieben, um zu belegen, dass die Zahl der Pflegeminuten erbracht wurde, die einem Patienten zusteht.

In einem Versuch, wo es darum ging, diese Dokumentation elektronisch durch handyähnliche Kleinstcomputer zu vereinfachen, konnten wir feststellen, dass die Pflegenden die lästige und überflüssige Dokumentation der Pflege oft erledigten, bevor sie den Patienten überhaupt gesehen hatten. Es wurde einfach etwas notiert. Die teilnehmenden Pflegekräfte wussten nicht, dass das System auch registrierte, wann sie einen Eintrag vornahmen. Die Pflegenden wissen, dass das Material sowieso nie ausgewertet wird, es kann ihnen also keiner einen Vorwurf machen, wenn sie das Widersinnige so rasch wie möglich hinter sich bringen wollen.

Viel gefährlicher als die sinnlose Dokumentation aber ist die massive Medikalisierung der Patienten. In einem Pilotprojekt mit 402 gesetzlich versicherten Pflegebedürftigen stellten wir fest, dass jeder von ihnen im Durchschnitt acht verschiedene Arzneimittel einnimmt.[25] Fast alle der angewendeten Arzneimittel wurden niemals an alten Menschen getestet. In den eingesetzten Kombinationen wurden diese Arzneimittel selbst bei jüngeren Menschen noch nie ausprobiert.

Wenn ältere Patienten täglich einen solchen Arzneimittelcocktail einnehmen müssen und dabei in etwa 41 Prozent der Fälle nicht einmal genug Flüssigkeit bekommen[26], weshalb ihre Nieren die Abbauprodukte der Arzneimittel nicht ausreichend ausscheiden können, dann stellt sich die Frage, ob die Lebenserwartung dieser Menschen ohne eine solche massive Versorgung mit Medikamenten nicht länger wäre. Noch bei 85-Jährigen werden Cholesterinsenker eingesetzt, obwohl längst erwiesen ist, dass in diesem Alter niedrige Cholesterinwerte früher zum Tod führen.

Schon die tägliche Arzneimittelgabe ist ein großes Problem. Da die älteren bettlägerigen Menschen oft nicht mehr richtig schlucken können, werden die Tabletten und Kapseln nicht selten mit einem Mörser in der Keramikschale zertrümmert, damit der Patient nicht an einem größeren Stück erstickt. Um die Arzneimittel überhaupt verabreichen zu können, müssen sie in der richtigen Dosierung und Kombination der Packung entnommen werden. Dieser Vorgang, das sogenannte Stellen der Medikamente, ist für den Patienten im Pflegeheim wie ein tägliches russisches Roulette. Unterläuft dem oft nicht besonders gut ausgebildeten und gerade für diese Arbeit zum Teil nicht eben motivierten Personal dabei ein Fehler, bekommt der Patient die falsche Medizin oder die falsche Kombination von Medikamenten.

Die abschließenden Ergebnisse unserer eigenen Studie liegen noch nicht vor, jedoch kam eine Studie von Amtsapothekern und Amtsapothekerinnen mit Stichproben in 127 Alten- und Pflegeheimen zu alarmierenden Schlussfolgerungen.[27] In der Hälfte der Alten- und Pflegeheime waren die Medikamente fehlerhaft gestellt. «Bei den gestellten Medikamenten fanden sich bei gut einem Viertel der Bewohner Abweichungen von den Vorgaben des Medikamentenblattes.»[28]

Bei 84 der 366 in der Studie untersuchten Bewohnern kam es zu 120 Fehlern: Zu 41 Prozent fehlten Arzneimittel, zu 29 Prozent wurden falsche Arzneimittel verabreicht, zu 15 Prozent wurde falsch dosiert; 11 Prozent der Fehler betrafen den falschen Anwendungszeitpunkt und 4 Prozent sonstige falsche Anwendungen. Es wurde noch nicht untersucht, wie viele Heimbewohner in Deutschland jedes Jahr allein durch die Gabe von Arzneimitteln sterben oder schweren gesundheitlichen Schaden nehmen, aber eine solche Studie wäre dringend geboten.

Zusätzlich leidet die Qualität der Pflege darunter, dass es keine die Bewohner betreuenden und auf Pflegebedürftige spezialisierten Heimärzte gibt. Stattdessen werden sie durch die niedergelassenen Hausärzte versorgt, die im Bedarfsfall verschiedenste Fachärzte hinzuziehen. So können in einem Altenheim bis zu fünfzig verschiedene Vertragsärzte tätig sein. Pflegeheime sind bei niedergelassenen Hausärzten besonders begehrt, weil sie hier oft verschiedene Patienten sehen und damit mehrere Hausbesuche abrechnen können, ohne jeweils eine neue Adresse anfahren zu müssen.

Reformvorschläge

Insgesamt kann der Eindruck entstehen, dass die pflegebedürftigen Menschen von der Pharmaindustrie, den Ärzten und den teilweise profitorientierten Einrichtungen und Pflegediensten in der letzten Phase ihres Lebens quasi ausgenommen werden. Die eigentliche Pflege und Zuwendung, die sie brauchen, wird ihnen verwehrt oder lässt in der Qualität zu wünschen übrig. So werden bei 85-Jährigen im Monat durchschnittlich 402,70 Euro für Medizin und Versorgung ausgegeben plus durchschnittlich weitere 721,30 Euro im Pflegefall[29] – die dafür erkaufte Versorgungsqualität ist aber nicht akzeptabel. Die Reform der Pflegeversicherung duldet daher keinen Aufschub und sollte folgende Elemente enthalten:

Einkommensabhängige Beiträge

Da die Pflegeversicherung eine Zwangsversicherung mit den gleichen Leistungen für alle ist, müssen auch für alle die gleichen Finanzierungsregeln gelten. Es geht nicht an, dass die gesetzlich Versicherten nach ihrem Einkommen gestaffelte Beiträge und die privat Versicherten Prämien erbringen. Denn dies bedeutet, dass gutverdienende gesetzlich Versicherte viel und gutverdienende privat Versicherte wenig bezahlen. Daher sollte die Pflegeversicherung zu einer Versicherung für die ganze Bevölkerung ausgebaut werden.

Die bis zum Ende 2007 anstehende Finanzierungsreform darf kein fauler Kompromiss werden. Sie muss die bestehenden Probleme lösen und darf ihnen nicht neue hinzufügen. Nur eine einheitliche Finanzierung für alle wäre gerecht, da schließlich am Ende auch alle den gleichen Zuschuss bekommen. Wenn die privat Versicherten Angst vor dem Verlust der Rückstellungen aus der Vergangenheit haben, die sie aufbauen konnten, weil sie für die Einkommensschwachen nicht mit zahlen mussten, sollte ihnen das Geld beim Systemwechsel ausgezahlt werden.

Aufstockung der Mittel für die staatliche Pflegeversicherung

Während unser Gesundheitssystem, gemessen an den Kosten anderer europäischer Gesundheitssysteme gleicher Qualität, etwa um ein Viertel zu teuer ist, geben wir für die Pflege eher zu wenig Geld aus. Die dort arbeitenden Menschen sind zu häufig gering qualifiziert, weil nur Niedriglöhne gezahlt werden. Zu diesen Bedingungen lassen sich keine gut qualifizierten Fachkräfte gewinnen oder halten.

Im Rahmen des demographischen Wandels und eines allgemeinen Fachkräftemangels wird sich diese Situation eher noch zuspitzen. Daher muss mehr Geld investiert werden. Das in die Pflegeversicherung investierte Geld schafft sofort neue Arbeitsplätze. Im Gegensatz zum Gesundheitssystem, wo viel Geld in einer kapitalintensiven Pharma- und Medizinindustrie versickert und mit hohem Gewinn ausländische Produkte von oft fraglichem medizinischem Nutzen angeboten werden, ist der Pflegebereich ein ausschließlich lokaler Arbeitsmarkt, der eine sehr wertvolle und für unsere Gesellschaft politisch wie moralisch stabilisierende Funktion übernimmt. Hier entstehen Arbeitsplätze, welche die Lebensqualität ganzer Familien verbessern.

Würde der Beitragssatz in der Pflegeversicherung von allen bezahlt, würde er bis zum Jahre 2030 nicht höher als auf 2,5 bis maximal 3 Prozent steigen. Dies kann nur erreicht werden, wenn der Beitragssatz auf alle Einkommensarten erhoben wird, damit auch die Kosten für die Qualitätsverbesserung abgesichert werden können. Alternativ zur Verbeitragung von Miet-, Zins- und Kapitaleinkünften könnte ein Steuerzuschuss wie im Gesundheitssystem oder im Rentensystem eingeführt werden.

Prognosen über diesen Zeitraum hinaus sind unseriös, weil sie allein davon abhängen, ob bis dahin eine wirksame Vorbeugung oder Behandlung der Demenz möglich ist. Wenn dies gelänge, würde sich der Bedarf halbieren. Es ist gerade vor diesem Hintergrund immer wieder frustrierend, die Prophezeiungen der den privaten Versicherungen nahestehenden Professoren zu lesen, die eine gigantische Nachhaltigkeitslücke im Jahr 2050 prognostizieren, die angeblich nur durch ein sofortige vollständige Privatisierung der Pflege zu schließen wäre.[30]

Entbürokratisierung der Pflege

Es muss reichen, wenn die zu Pflegenden so untersucht werden, dass sich ihr durchschnittlicher Pflegebedarf gut abschätzen lässt. Der tägliche Nachweis der Pflegeminuten kann ersatzlos entfallen. Wichtig ist das Pflegeergebnis, nicht die Dokumentation des Pflegeablaufs. Dann hätten die Pflegenden auch den Spielraum und die Zeit, sich auf das Wesentliche zu konzentrieren. Selbst aus medizinischer Sicht ist die glatte Rasur eines 85-Jährigen nicht so wichtig wie ein paar zusätzliche Gesprächsminuten über die Fußballübertragung vom Vorabend. Dieser Austausch hilft, seinen Geist zu erhalten.

Bessere Qualifizierung der Pflegekräfte

Insbesondere die positive Wirkung sozialer Kontakte und Unternehmungen auf die körperliche und geistige Verfassung hat sich in deutschen Pflegeeinrichtungen noch nicht ausreichend herumgesprochen. «Satt und sauber» ist der falsche Ansatz. Die Pflegeausbildung muss stärker auf die wissenschaftlich gesicherten Erkenntnisse des Alterns ausgerichtet werden. Auch in der Pflege gilt, dass man nur das sieht, was man weiß. Die in der Pflege eingesetzten Kräfte sind oft kaum der deutschen Sprache mächtig und würden von einer Nachqualifizierung beruflich wie privat profitieren.

Während im Krankenhaus in der Regel nur Ärzte Blut abnehmen dürfen und für jede mittlerweile standardisierte Laboruntersuchung bestens ausgebildete Fachkräfte zum Einsatz kommen, gibt es in der Pflege so gut wie keine Mindestanforderungen an die Qualifikation. Die Situation ist ähnlich wie bei den Erzieherinnen in der Kindertagesstätte. Im internationalen Vergleich kann man sagen, dass in Deutschland das Leben mit der Hilfe ungelernter Menschen beginnt und endet. Nur die Einkommensstarken, die auf die eigenen sozialen Netze und zusätzlich bezahlte Dienste zurückgreifen können, entgehen diesem Schicksal.

Berücksichtigung der Demenz bei der Einstufung des Pflegebedarfs

Bislang gibt es bei vergleichbarem körperlichem Zustand und Pflegebedarf weder in der ambulanten noch in der stationären Pflege einen Zuschlag für die Betreuung geistig verwirrter Patienten, die aber in den Pflegeheimen mittlerweile etwa die Hälfte der Neuaufnahmen ausmachen. Da es aber einen riesigen Unterschied für die Betreuung bedeutet, ob der Patient die Pflegeanweisungen versteht und mitarbeitet oder ob er nichts mehr versteht und sich gegen alles wehrt, ist die Vergütung für Demenzkranke viel zu niedrig, und sie sind in den Pflegeheimen oft keine willkommenen Gäste.

Bessere Vergütung der ambulanten Pflege

Bei der Einführung der Pflegeversicherung wurde auf die Lobbyisten der privaten und öffentlichen Träger der Pflegeheime zu viel Rücksicht genommen. Deshalb gibt es für Patienten mit gleichem Pflegebedarf in der ersten Pflegestufe 62 Prozent und in der zweiten Pflegestufe 28 Prozent mehr Geld im Heim, als wenn sie zu Hause von Fachpersonal gepflegt werden. Neben der Betreuung fällt zudem noch die Miete für eine oft teure Wohnung an. Diese Ausgangssituation veranlasst leider viele Angehörigen, die Pflege im Heim zu bevorzugen, während die zu Pflegenden lieber zu Hause geblieben wären. Bewohnen sie ein Eigenheim, wird dieses nach dem Umzug vermietet und entlastet die Angehörigen womöglich weiter.

Der späte Wechsel der Umgebung kann aber gerade den Zustand Demenzkranker schnell und erheblich verschlechtern. Da das weder aus sozialer noch aus medizinischer Sicht wünschenswert ist, sollte in der ambulanten Pflege der gleiche Satz wie im Heim bezahlt werden. Weil der wirtschaftliche Anreiz für Heimunterbringung so groß ist, gibt es in Deutschland kaum Strategien, im Heim Untergebrachte bei Verbesserung ihres Zustandes wieder zurück in die häusliche Pflege einzugliedern, obwohl es von medizinischer und sozialer Seite her möglich wäre.

Ausbau der Möglichkeiten für Erwerbstätige, selbst die Pflege ihrer Angehörigen zu übernehmen

Um Arbeitnehmern die Pflege ihrer Verwandten zu ermöglichen, sollten Freistellungen erleichtert und bessere Teilzeitarbeitsbedingungen geschaffen werden. Oft sind ältere Menschen im Beruf an einer Auszeit oder einer Teilzeitstelle interessiert, weil sie abhängige Angehörige zu betreuen haben. Wenn sie ein Recht auf Teilzeit zur Pflege naher Angehöriger oder des Ehepartners beziehungsweise ein Rückkehrrecht an den Arbeitsplatz hätten, wäre dies für alle Beteiligten ein Gewinn und ein Segen für die Pflegebedürftigen. Auch für Arbeitslose könnten hier neue Zuverdienstmöglichkeiten geschaffen werden.

Transparenz bei der Qualität der Pflege

Unangekündigte Prüfungen der Medizinischen Dienste müssen die Regel werden, und die Ergebnisse müssen von allen eingesehen werden können, die einen Pflegedienst oder einen Heimplatz für ihre Angehörigen suchen. Vor der Übernahme der Pflegekosten muss der Antragsteller über die Qualität der Einrichtung sowie örtlicher Konkurrenzangebote informiert werden. Eine solche Transparenz würde die Qualität der Pflege dramatisch verbessern, die «beratende» Qualitätssicherung, ohnehin eine Farce, wäre entbehrlich.

Schließung defizitärer Pflegeeinrichtungen

Um eine bessere Pflege zu erreichen, müssen Pflegeheime und -dienste geschlossen werden, die unverantwortliche Qualitätsdefizite aufweisen. Da es momentan eher ein Überangebot an Einrichtungen gibt, kann der Pflegemarkt auf minderwertige Leistungen verzichten.

Abkehr vom starren System der drei Pflegestufen

Die Pflege muss stärker auf die Bedürfnisse des zu Pflegenden ausgerichtet werden. Die Einteilung des Pflegebedarfs in nur drei Pflegestufen ist dafür zu grob. Sie muss mehr Stufen vorsehen und den tatsächlichen Pflegebedarf des einzelnen Menschen stärker berücksichtigen.

Versorgung der Pflegebedürftigen durch Fachärzte für Altersmedizin

Mit dem Scheinargument, der Patient wolle beim Wechsel in ein Heim nicht den langjährigen Hausarzt einbüßen, stellen die Funktionäre der Hausärzte sicher, dass sie ihre Patienten nicht verlieren. Also bereisen zu viele Ärzte die deutschen Heime, oft ohne Kenntnisse in der Versorgung geriatrischer Patienten. Übermedikalisierung und eine mangelhafte medizinische Betreuung der Patienten sind oft die Folge.

Während in den Edelpflegeheimen der Privilegierten genau wie in den Luxushotels jederzeit ein Hotelarzt zur Verfügung steht, ist die Versorgung der normalen Heimbewohner zu stark auf die Einkommenswünsche der niedergelassenen Ärzte und zu wenig auf die tatsächlichen gesundheitlichen Bedürfnisse der Patienten ausgerichtet. Es gibt mittlerweile auch sehr gute, auf die Versorgung von Pflegebedürftigen spezialisierte Hausärzte. Sie sollten ganze Heime und Pflegedienste betreuen. Die Patienten dürfen nicht auf so viele Ärzte wie möglich verteilt werden.

Die Pflegeversicherung in ihrer jetzigen Form weist leider alle Elemente auf, die für die sozialen Sicherungssysteme im Zweiklassenstaat typisch sind. Die Einkommensschwachen zahlen relativ und zum Teil sogar absolut mehr als die Einkommensstarken. Weil es an Wettbewerb fehlt, um die Leistungserbringer zu schonen, ist die Qualität der Pflege oft schlecht. Das System ist sehr bürokratisch, und die Einkommensstarken sind von seinen Mängeln nicht betroffen, weil sie sich privat eine bessere Versorgung kaufen können. Außerdem sind fast alle mit dem System unzufrieden. Die Lobbyisten wollen wie immer anlässlich der großen Probleme des Systems die Privatisierung, womit sich die Zweiklassen-Versorgung noch zuspitzen würde. Dem gilt es mit den gemachten Vorschlägen entgegenzutreten.

Wie die Privilegierten das Land ruinieren

Seit Anfang 2007 sieht es wieder so aus, als ob die Wirtschaft die Probleme Deutschlands noch am besten lösen könnte. Deutschland ist Exportweltmeister, und die Arbeitslosigkeit geht rasant zurück. Was der Politik nicht gelingt, so hoffen viele, wird der zu erwartende Boom der kommenden Jahre erledigen. Seit 2000 ist die Wirtschaft nicht so schnell gewachsen wie in den letzten Monaten.[1] Die Wirtschaftsinstitute und die Sachverständigen sind selbst überrascht, wie günstig die Entwicklung verläuft. Allein zwischen August 2006 und dem entsprechenden Vorjahresmonat wurden 258 000 sozialversicherungspflichtige Arbeitsplätze geschaffen.[2] Deutschland wird schon wieder als Vorbild für die Sanierung von angeschlagenen Industrieländern gehandelt; schon bald sollen weniger als drei Millionen Menschen arbeitslos sein.[3]

Auch in der Politik hegen viele die nicht ausgesprochene Hoffnung, dass in den nächsten Jahren die Hochkonjunktur die Arbeitslosigkeit senken wird und sich anschließend die Beschäftigungschancen allein dadurch verbessern, dass dann die seit 1970 rückläufigen Geburtenraten endlich voll auf den Arbeitsmarkt durchschlagen und es zum Fachkräftemangel kommt. Die Gewerkschaften wiederum bauen darauf, dass die Produktivität der Wirtschaft weiter so stark wächst, dass die steigenden Kosten der sozialen Sicherung davon bezahlt und die Sozialsysteme auch in Zukunft über Abgaben auf die Löhne finanziert werden können. Wenn bis 2030 die Produktivität ordentlich zunehme, so wird erklärt, könne auch ein Arbeitnehmer einen Rentner miternähren. Damit argumentieren einige Wissenschaftler die Gefahren einfach weg, die durch die Alterung der Bevölkerung drohen. Was die Demographie angehe, liege das Schlimmste schon hinter uns.[4]

Durch die Einführung des Elterngeldes verspricht sich ein Teil der Politiker mehr Kinder von Akademikerinnen und anderen gut ausgebildeten Frauen. Statt die Bildungschancen für die Kinder aus Problemfamilien zu verbessern, sollen die Geburten auf die Familien der Privilegierten verlagert werden, die ihrem Nachwuchs eine gute Bildung bieten können. Dazu passt, dass im Zuge der Einführung des Elterngeldes, welches besonders für einkommensstarke Haushalte interessant ist, das Erziehungsgeld für Geringverdiener und Arbeitslose gekürzt wurde. Die Armut in diesen Familien dürfte also zunehmen, was die Bildungschancen der dort aufwachsenden Kinder weiter verschlechtern würde. Schon jetzt lebt jedes sechste Kind in Deutschland in Armut.

Für jedes dritte Kind unter drei soll es bald einen Platz in der Kita geben. Auch das ist an und für sich nicht falsch, aber für zwei Drittel der Kinder wird es dann weiterhin keinen Kitaplatz geben. Von der Einführung einer Pflichtvorschule, der wichtigsten Maßnahme für unser Bildungssystem überhaupt, mit verpflichtendem Sprachunterricht für Kinder mit Sprachproblemen ist nicht einmal mehr die Rede.

Schließlich soll die Rente mit 67 verhindern, dass der Beitragssatz in der Rentenversicherung zu stark steigt. Auch das ist nicht grundsätzlich abwegig, denn es wird bis 2030 mehr Rentner und weniger Beitragszahler geben. Aber der Rentneranteil verringert sich durch diese Maßnahme nur wenig. Die damit verbundene Senkung des Beitragssatzes um 0,4 Beitragssatzpunkte, die im Wesentlichen durch die Minderung der Rentenansprüche der arbeitslosen Endfünfziger bezahlt wird, ändert nichts an den grundsätzlichen Verteilungs- und Finanzierungsproblemen unseres Rentensystems.

Es scheint nur so, als ob die wichtigsten Reformen umgesetzt wären. Im Ausland entsteht zwar der Eindruck, Deutschland sei genesen, weil man uns dort in erster Linie als Wirtschaftsstandort wahrnimmt und fürchtet. Aber die durchgeführten Reformen werden in ihrem Umfang dramatisch über- und die Probleme unterschätzt. Obwohl keiner bei uns das Wort Reform noch hören kann und alle sich lieber im Aufschwungsoptimismus sonnen, zumal ja gute Stimmung den Boom verstärkt und unterhält, können wir uns keine Reformpause leisten, weil keine der wirklich wichtigen Reformen überhaupt stattgefunden hat.

Keines der in diesem Buch angesprochenen Probleme des Zweiklassenstaats wurde gelöst. Vergleichbar einem Krebsgeschwür wuchern im Inneren des Exportweltmeisters die Folgen unseres ungerechten und ineffizienten Bildungssystems, der damit verbundenen geringen Geburtenraten, des vernachlässigten Gesundheitsschutzes der Arbeitenden und der unsolidarischen und Arbeitsplätze vernichtenden Finanzierung unserer sozialen Sicherungssysteme. Die Zweiklassenmedizin wird nicht abgebaut, sondern noch verstärkt. Wir produzieren weiter zu viele Schlechtqualifizierte und verringern auch noch drastisch ihre Beschäftigungschancen. Wir fallen hinter unsere Möglichkeiten zurück, worunter nicht nur unser Wohlstand leiden wird. Schon heute sind wir, gemessen am Bruttoinlandsprodukt pro Kopf, nur noch Durchschnitt in Europa.

Für den Einzelnen bedeutet unser Sozialstaat immer häufiger ein unerfülltes Leben. Chancenlos in die falsche Familie geboren, nach schlechter Bildung arbeitslos und auf Hilfe des Staates angewiesen, bald schon unnötig erkrankt, dann arm und früh gestorben – das klingt wie ein schlechtes Drehbuch. Es ist aber zunehmend die Wirklichkeit für all jene Menschen, die ohne jedes Privileg in Deutschland geboren werden. Der Staat schafft hier eine Klasse systematischer Verlierer. Er muss sie nicht nur für den größten Teil ihres Lebens subventionieren, sie sind auch politischer Sprengstoff. Sie gefährden den sozialen Frieden, und sie werden nicht dauerhaft bereit sein, sich in einem Staat moralisch zu verhalten, den sie selbst als unmoralisch erleben.

Noch gleicht der Exportweltmeister äußerlich einem Muskelprotz. Doch der Krebs im Inneren wächst. Er verursacht uns bislang nur keine Schmerzen, weil die besonders gut ausgebildeten Babyboomer noch den Arbeitsmarkt beherrschen. Sie sind heute auf dem Höhepunkt ihrer persönlichen Produktivität, ihrer Gesundheit und ihres Einkommens und tragen wie keine andere Generation zum derzeitigen Erfolg der deutschen Wirtschaft bei.

Bald aber werden die Babyboomer-Jahrgänge die größte Rentner- und Krankenkohorte Europas sein. Die dann das Ruder übernehmenden Geburtsjahrgänge ab 1990 sind halb so groß und weisen nur ein Viertel der Talente von 1964 auf. Sie bestehen fast zur Hälfte aus Menschen, die keine ausreichenden Sprachkenntnisse, eine nur minimale Bildung, massive Lese- und Rechenschwächen oder große kulturelle Probleme mitbringen, oft sogar mehrere dieser Nachteile auf einmal.

Spätestens dann, wenn die Babyboomer abtreten, wird der Krebs dieser Republik deshalb für alle sichtbar werden. In der Medizin ist es an diesem Punkt in der Hälfte der Fälle zu spät für eine Heilung. So lange dürfen wir mit der Therapie nicht warten. Wir brauchen die Reformen jetzt.

Unser Arbeitsmarkt wird bald genauso wie unser Bildungssystem oben und unten zugleich versagen. An der Spitze fehlen uns dann die Hochqualifizierten – schon jetzt diskutieren wir über bessere Einwanderungsbedingungen für Ausländer mit hoher Qualifikation –, während wir die massenhaft Schlechtqualifizierten am unteren Ende immer weniger beschäftigen können. Bereits heute gibt es in fast keinem anderen Land Europas eine so hohe Arbeitslosigkeit der wenig Gebildeten wie in Deutschland.

Bei uns sind dreimal so viele Geringqualifizierte arbeitslos wie in Italien, Spanien oder England und fast viermal so viele wie in den Niederlanden.[5] Von den Hauptschulabsolventen hatte 2004 nur noch jeder Zweite einen Ausbildungsplatz. Von denen ohne Abschluss sogar nur rund jeder Sechste.[6] Auch bei den älteren Arbeitslosen dominieren die Schlechtqualifizierten. So haben zwei Fünftel der älteren Arbeitslosen keine Ausbildung, von denen wiederum über 60 Prozent schon länger als ein Jahr arbeitslos sind.[7] Nur eine kleine Minderheit der Geringqualifizierten wird daher bis zum 67. Lebensjahr arbeiten, auch wenn dies die meisten besser gebildeten Menschen schaffen können.[8]

Die Arbeitsmarktlage der Geringqualifizierten in Deutschland hat sich in den letzten zwanzig Jahren ständig verschlechtert. Während die Arbeitslosigkeit von Akademikern in Deutschland immer schon relativ gering war und sich seit Anfang der neunziger Jahre nicht verschlechtert hat, ist die Arbeitslosigkeit der Geringqualifizierten in der gleichen Zeit um rund siebzig Prozent gestiegen.[9]

Auch die jüngsten Arbeitsmarktreformen haben ihnen nichts gebracht. Vielmehr wurden den Arbeitgebern mit den Mini- und Midijobs neue Möglichkeiten gegeben, um reguläre Stellen für Schlechtqualifizierte abzubauen. Für die Geringverdiener wiederum ist es mitunter attraktiver, sich mit Hartz IV, einem Ein-Euro-Job und ein bisschen Schwarzarbeit durchzuschlagen, als eine schlechtbezahlte Vollzeitstelle anzunehmen. Die Agenda 2010 ist zwar nicht in jedem Punkt falsch, doch das wichtigste Problem am deutschen Arbeitsmarkt – die hoffnungslose Lage der Geringqualifizierten – hat sie nicht verbessert. Das ist eine Tragödie, wenn man die hohen politischen Kosten dieser Kraftanstrengung für alle beteiligten Parteien und Personen betrachtet.

Auch in den nächsten Jahren wird sich die Lage für die Geringqualifizierten nicht verbessern. Im Gegenteil, es werden ihrer mehr. So stammen mittlerweile 40 Prozent aller neu auf den Arbeitsmarkt drängenden jungen Menschen in den westdeutschen Großstädten aus Migrantenfamilien.[10] Die meisten von ihnen können nur eine minimale Bildung vorweisen. Gleichzeitig steigt im Zuge der Globalisierung das internationale Angebot an Geringqualifizierten rasant an, die bereit sind, zu niedrigsten Löhnen zu arbeiten. Dies bedeutet, dass langfristig jeder Job eines Geringqualifizierten in Deutschland, der ins Ausland verlagert werden kann, auch verschwinden wird.

Unser Bildungssystem hat die falsche Produktpalette für die Globalisierung der Wirtschaft. Die Nachfrage nach unserem Massenprodukt – Menschen, die nur für einfachste Arbeiten geeignet sind – wird sinken. Dagegen wird die Nachfrage nach Hochqualifizierten steigen – unserem Spezialprodukt, wo wir schon jetzt Lieferschwierigkeiten haben. Unter diesen Bedingungen kann Deutschland auf lange Sicht nicht zu den Gewinnern der Globalisierung gehören, auch wenn wir es beim Export heute noch sind.

Ein weiteres Handicap ist die Leistungsfeindlichkeit unserer Wirtschaft. Denn auch hier gilt: Herkunft trumpft Leistung. Der Soziologe Michael Hartmann hat den Zusammenhang zwischen Herkunft und Aufstieg in der deutschen Wirtschaft systematisch untersucht. Wer meint, dass bei gleichem Studienabschluss und gleicher Begabung in der Wirtschaft nur Leistung und Fleiß zählen, der irrt gewaltig. Tatsächlich kommen die Kinder aus Arbeiterfamilien in den seltensten Fällen in eine Spitzenposition in der Wirtschaft, egal wie gut sie ausgebildet sind. Bei gleichem Studienabschluss ist eine Promotion für sie schon viel unwahrscheinlicher als für Akademikerkinder. Die privilegiertesten drei Prozent der deutschen Familien stellen die Hälfte aller Doktoranden.[11]

Auch nach dem Studienabschluss oder der Promotion wirken die sozialen Unterschiede weiter, und zwar umso stärker, je länger das Studium zurückliegt. Weil das Arbeiterkind in der deutschen Wirtschaft bei gleichem Abschluss viel schlechtere Aufstiegschancen hat, kommen bei uns achtzig Prozent der Vorstandsvorsitzenden der größten einhundert Unternehmen aus dem gehobenen Bürgertum oder dem Großbürgertum.[12] Von den Kindern aus Arbeiterfamilien, die es immerhin zum Doktortitel bringen, erreichen nur zwei Prozent die Chefetage in einem Spitzenunternehmen.[13]

Ein Staat, der hinnimmt, dass Arbeiterkinder in den Schulen generell viel schlechter als gleich begabte Akademikerkinder abschneiden, darf sich nicht wundern, wenn die freie Wirtschaft entsprechend handelt. Die Kinder aus den Familien der Privilegierten erkennen sich am Habitus und fördern sich gegenseitig. Wo das nicht ausreicht, besorgt «Vitamin B» durch Verwandte oder Bekannte den Rest. Auch das amerikanische Bildungssystem ist sehr ungerecht. Aber der Abschluss einer Eliteuniversität wie Harvard oder die Erlangung eines Master of Business Administration zählt später mehr als die großbürgerliche Herkunft oder die Mitgliedschaft in einer Burschenschaft für den Aufstieg in einem Spitzenunternehmen.

Hier geht es nicht um eine Kritik an der Leistungsgesellschaft oder an einer Leistungselite. Vielmehr geht es darum, dass wir keine Leistungsgesellschaft sind und auch keine echte Leistungselite hervorbringen. Deutschland ist ein Land, in dem eine relativ satte und gleichzeitig verunsicherte Klasse mit vererbten Privilegien die größte Angst vor der Leistungsgesellschaft hat. Sie meint, ihren eigenen Status nur halten zu können, indem sie andere Gruppen noch mehr als in der Vergangenheit ausgrenzt. Weil die Privilegierten die Schotten dichtmachen, wird sich der

Zweiklassenstaat im Rahmen der Globalisierung verstärken. Die Gefahr wächst aber, dass dabei alle im Boot ersticken.

Die Privilegierten verdrängen die Frage, wie die Klasse der Verlierer langfristig mit ihrer Perspektivlosigkeit umgeht. Wenn Fachkräfte händeringend gesucht werden, man aber selbst weiter arbeitslos bleibt, wie das jetzt schon viele Hartz-IV-Empfänger erleben, kann man leicht verzweifeln und auf dumme oder gar radikale Gedanken kommen. Bildung hätte die Schlechtqualifizierten vielleicht vor Arbeitslosigkeit bewahrt. Auf jeden Fall hätte sie ihnen ermöglicht, den Verlust ihres Arbeitsplatzes durch kreative oder ehrenamtliche Tätigkeiten zu kompensieren. Der ungebildete Arbeitslose fällt oft in ein Loch ohne Boden.

Ein verzweifelter arbeitsloser Arbeiter und Hartz-IV-Empfänger aus meinem Wahlkreis hat mir vor kurzem in der «Bürgersprechstunde» erklärt, dass er wegen seiner Arbeitslosigkeit von Frauen gemieden werde, als ob er an Aids erkrankt sei. Er habe kein Geld, eine Frau auch nur ein einziges Mal zum Essen oder ins Kino einzuladen. Für jede Partnerin mit Einkommen stelle er eine wirtschaftliche Gefahr dar. Er könne wenig erzählen, habe nicht viel gelesen und leide nun unter Depressionen. Von mir wollte er wissen, wie es weitergehen könnte. Ein anderer Hartz-IV-Empfänger, der seine teure Wohnung verlassen musste, war bis vor kurzem Dauergast meines Bürgerbüros. Ein unsympathischer aggressiver Mann, der mehrmals andeutete, dass er einen Politiker töten könne, und der mittlerweile mein Büro nicht mehr betreten darf. Der eine will sich selbst, der andere Dritte umbringen.

Die Privilegierten unterschätzen das zerstörerische Potential solcher Entwicklungen. Nichts zerrüttet die seelische und körperliche Gesundheit des Einzelnen schneller als Arbeitslosigkeit. Auch besteht die Gefahr, dass die Betroffenen ins soziale Abseits abdriften. Sie identifizieren sich nicht mehr mit der Gesellschaft und neigen stärker zu Fremdenfeindlichkeit, politischem Extremismus oder gar kriminellen Handlungen.

Die Kosten der Massenarbeitslosigkeit nehmen immer mehr zu. Den geringqualifizierten Langzeitarbeitslosen muss der Staat für Jahrzehnte Hartz IV, die enormen Gesundheitskosten – die bis zu dreimal so hoch sind wie im Durchschnitt der Bevölkerung – und schließlich eine Rente und die Pflegekosten fast komplett zahlen. Hinzu kommt, dass sie ihre sozialen Nachteile an die eigenen Kinder vererben, sofern sie überhaupt eine Familie gründen. Außerdem belegen Untersuchungen, dass geringe legale Verdienstmöglichkeiten die Neigung zu kriminellen Handlungen verstärken.[14]

Wir sind auf einer Rolltreppe abwärts unterwegs. Sowohl die direkten Kosten der Arbeitslosigkeit steigen als auch die durch den Arbeitslosen selbst verursachten sozialen Kosten. Der ungebildete Arbeitslose ist nicht selten gleichzeitig Opfer und Täter. Die Gesellschaft ignoriert ihn, er ignoriert oft seine eigenen Kinder. Je stärker er sich vom Staat um seine Rechte betrogen fühlt, desto eher wird er den Staat irgendwann selbst betrügen. Der Staat müsste daher alles unternehmen, um gerade die Arbeitslosigkeit derjenigen zu verhindern, die wenig Bildung haben. Er tut aber das Gegenteil. Er zerstört ihre Beschäftigungschancen nicht nur durch sein Versagen im Bildungsbereich, sondern auch durch die hohen Sozialabgaben auf Arbeit, die vom ersten Euro an zu zahlen sind.

Weil sich die gut verdienenden Berufstätigen und die Bezieher von Kapital-, Miet- und Zinseinkommen nur unterproportional oder gar nicht an der Finanzierung des deutschen Gesundheits-, Renten- und Pflegesystems sowie der Arbeitslosenversicherung beteiligen, werden die Kosten dafür wie in fast keinem anderen europäischen Land auf Beiträge vom Lohn abgewälzt. Alle anderen Einkommen und auch die Einkommensteuer werden zu Lasten der Arbeitseinkommen geschont.

So zahlen Selbständige und Beamte in der Regel gar nicht in die solidarischen Systeme ein. Sie sind privat oder in Versorgungswerken abgesichert. Gut verdienende Angestellte sind oft privat kranken- und pflegeversichert. Wenn sie im gesetzlichen System bleiben, dann zahlen sie nur bis zur Beitragsbemessungsgrenze. In anderen europäischen Ländern ist der Anteil der Steuern für die Finanzierung der Sozialsysteme viel höher, sodass die Beiträge auf Arbeit geringer sein können.[15] Damit wird hier ein größerer Teil der Kosten dieser Systeme von denjenigen bezahlt, die über hohe Einkommen verfügen.

Für Geringqualifizierte sind die hohen Sozialabgaben fatal. Sie führen dazu, dass der Unterschied zwischen dem, was ein Arbeitgeber für den Arbeiter zahlen muss, und dem, was demselben Arbeiter netto übrig bleibt, besonders groß ist. So kostet ein Arbeiter, der netto 900 Euro verdient, den Arbeitgeber 1450 Euro.[16] Sowohl aus der Sicht des Arbeitnehmers als auch des Arbeitgebers «lohnt» sich die Einstellung oft nicht. Der Arbeitgeber bekommt für 1450 Euro einen Arbeitnehmer, der im Ausland für den gleichen Lohn besser qualifiziert wäre oder länger arbeiten würde. Und der Arbeitnehmer könnte die 900 Euro auch erreichen, wenn er Hartz IV plus Miete empfangen und ein paar Stunden pro Woche legal oder illegal jobben würde.

Die hohen Lohnnebenkosten sind auf allen Lohnebenen ein Problem, spielen für die Steigerung der Arbeitslosigkeit aber nur für die Geringqualifizierten eine wirklich große Rolle. Zum einen haben sie kaum einen Anreiz, überhaupt zu arbeiten, wenn ihnen Hartz IV bald mehr einbringt als ein regulärer Job. Zum anderen ist der Arbeitgeber im Niedriglohnbereich am wenigsten auf ihre Arbeitskraft angewiesen. Er kann nicht nur die Arbeit ins Ausland verlagern, er kann auch EU-Ausländer in Deutschland beschäftigen oder die Arbeit durch Maschinen wegrationalisieren, zumindest in einem Maß, wie dies bei anspruchsvolleren Jobs nicht möglich ist. Unzählige Jobs für deutsche Geringqualifizierte sind auf diese Weise bereits verloren gegangen.

Niemand darf denken, dass diese Verlagerungsprozesse abgeschlossen wären oder vor dem Dienstleistungsbereich haltmachen würden. Stehen die Fabriken und Lager erst einmal im Ausland, werden auch hiesige Wachleute, Raumpfleger und Fensterputzer arbeitslos. Trotzdem steigen die Sozialabgaben auf Arbeit weiter an. Weil es aufgrund der Alterung der Bevölkerung weniger Erwerbstätige geben wird, die Ausgaben für die Rente, die Gesundheitsversorgung und die Pflege aber in die Höhe schießen werden, müssten die Beitragssätze schon dann steigen, wenn sich die Leistungen nicht verteuern würden.

Die Rentenausgaben werden aber zusätzlich steigen, weil die Menschen länger leben, insbesondere die Einkommensstarken. Und die Gesundheitsleistungen werden mit dem technischen Fortschritt teurer werden. Im Jahr 2030 sind Beitragssätze von 20 Prozent in der Gesundheitsversorgung, 22 Prozent für das Rentensystem und 3 Prozent für die Pflege zu erwarten. Dazu kommen vielleicht 4 Prozent für die Arbeitslosenversicherung. Wenn die Abkoppelung dieser Kosten von den Arbeitskosten der Geringverdiener nicht gelingt, wird die Zahl arbeitsloser Geringqualifizierter spätestens am Ende der gegenwärtigen Konjunkturphase weiter steigen.

Die beste Lösung bestünde darin, einen erheblichen Anteil oder sogar alle Sozialabgaben für Geringverdiener durch Steuern zu bezahlen. Ihre Nettolöhne und die dem Arbeitgeber dafür entstehenden Kosten müssten so dicht wie möglich aneinanderrücken. Das System der negativen Einkommensteuer aus den Vereinigten Staaten, Kombilöhne oder das jetzt von Professor Peter Bofinger, Mitglied des Sachverständigenrats für Wirtschaft, ins Gespräch gebrachte Arbeitsmarktmodell, wonach Beiträge zur Sozialversicherung aus den Staatskassen finanziert werden sollen, wenn eine bestimmte Einkommensschwelle unterschritten ist, sind dafür am besten geeignet.[17]

Die Ansätze unterscheiden sich in den Details stark und können hier nicht diskutiert werden. Sie führen aber alle dazu, dass es sich für Geringqualifizierte eher lohnt zu arbeiten und dass es sich für den Arbeitgeber eher lohnt, einen Geringqualifizierten einzustellen.

Eine teilweise oder vollständige Privatisierung des Gesundheits- und Pflegesystems wäre dagegen keine Alternative, obwohl dies immer wieder gefordert wird. Für den Geringverdiener macht es keinen Unterschied, ob er die genannten Beitragssätze an die gesetzlichen Kassen abführt oder die noch höheren Kosten, die bei der Privatisierung der Leistung entstehen würden, an eine Versicherung zahlt. Ihm bliebe dann noch weniger vom Lohn übrig, und aus der Sicht des Arbeitgebers müsste ein Zuschuss bezahlt werden, der dem jetzigen Arbeitgeberanteil entspräche. Viele Befürworter der Privatisierung der Krankenversicherung übersehen, dass der Arbeitgeberanteil in gleicher Höhe anfallen würde wie bei den gesetzlichen Systemen. Der Arbeitgeber wird also bei Privatisierung nicht entlastet, und der Arbeitnehmer zahlt mehr.

Es ist erschütternd, wie viele Kommentatoren zur Gesundheitsreform naiv vortragen, die Lösung der Probleme liege auf der Hand und sei die Privatisierung der Systeme. Dabei können die privaten Systeme nur überleben, solange sie parasitär die schlechten Risiken ablehnen dürfen und sich auf Gesunde und Einkommensstarke konzentrieren. Trotz dieser günstigen Bedingungen steigen die Kosten hier schneller als in den gesetzlichen Systemen.[18] Statt also höhere Verwaltungsausgaben und noch mehr Zweiklassenmedizin in Kauf zu nehmen, müssten die Beitragslasten zumindest bei den geringen Löhnen vom Faktor Arbeit abgekoppelt werden.

Natürlich tun sich vermeintlich linke Positionen in der Politik schwer mit der Vorstellung, dass dann ein Teil der Löhne vom Steuerzahler bezahlt würde. Aber was ist die Alternative? Die Alternative ist die Schonung der Steuern der Einkommensstärksten mit der Folge der Arbeitslosigkeit der Ärmsten. Heute lassen sich die Privilegierten, die das höchste zu versteuernde Einkommen haben, durch Beitragsbemessungsgrenzen und durch ihre Vorteile im Rentensystem von den Einkommensschwächsten subventionieren. Ein untragbarer Zustand.

Aus der Sicht der Ökonomie sind viele der hier beschriebenen Zusammenhänge weitgehend unstrittig. Wirtschaftswissenschaftler aller politischen Grundüberzeugungen stimmen darin überein, dass unser Bildungssystem, unser Gesundheitssystem und unser Pflegesystem ineffizient sind. Ich kenne auch keinen einzigen internationalen Spitzenökonomen, für den es nicht problematisch wäre, dass der deutsche Sozialstaat so stark über die Belastung der Lohnkosten finanziert würde. Kein Wirtschaftswissenschaftler von Rang protestiert bei der Aussage, dass unsere Arbeitsmarkt- und Bildungspolitik besonders die Geringqualifizierten benachteiligt.

Weshalb ändert sich nichts, obwohl das wissenschaftliche Urteil so einhellig und so vernichtend ausfällt? Nun, ein Grund ist sicher der, dass wir den Krebs im Inneren noch nicht spüren. Viele unterschätzen, wie schlecht unser Bildungswesen und unser Gesundheitssystem wirklich sind. Der zweite und viel wichtigere Grund ist aber die politische Macht der Privilegierten, die schon jetzt die Reformen blockieren und dies auch in Zukunft tun wollen.

Aus ihrer Sicht scheint es vernünftig, sich so lange wie möglich gegen die notwendigen Reformen zu wehren. Sie profitieren auf jeden Fall davon, dass Arbeiter- und Migrantenkinder ihren Kindern keine Konkurrenz im Gymnasium und im Studium machen. 85 Prozent der Kinder der Beamten besuchen das Gymnasium. Für sie funktioniert unser Bildungssystem, es kann nur schlechter werden. Beamte, Gutverdiener und Selbständige hätten auch keinen Vorteil davon, wenn sie sich an der Finanzierung der Systeme der sozialen Sicherung beteiligen würden und dabei die Vorzüge der Zweiklassenmedizin für sich auch noch einbüßen müssten. Für Selbständige ist es lukrativer, sich privat für das Alter abzusichern, statt die Rente all derer mitzuzahlen, die in den neuen Bundesländern lange Erwerbsbiographien vorweisen können und heute eine Rente beziehen, die im Durchschnitt sogar höher ist als in den alten Bundesländern. Für Beamte ist es natürlich günstiger, sich eine bessere Gesundheitsversorgung vom Steuerzahler bezahlen zu lassen, statt mit für die Gesundheitsversorgung der Arbeitslosen einzustehen. Wer glaubt denn, dass die Beamten freiwillig in die Allgemeinen Ortskrankenkassen wechseln würden, in denen sechzig Prozent aller Arbeitslosen versichert sind? Welcher Beamte oder Manager will wie ein AOK-Versicherter behandelt werden?

Immer wieder werde ich ermahnt, dass es auch den «kleinen Beamten» gebe, nicht jeder Beamte sei privilegiert, ich möge an den Wachmann im Strafvollzug denken. Doch er ist die Ausnahme, und auch er genießt viele Vorteile. Achtzig Prozent der Beamten verdienen aber mehr als der Durchschnitt der deutschen Beschäftigten, da sie in der Besoldungsgruppe A 9 und darüber eingestuft sind.[19] Ihr Versorgungsniveau im Alter wird auf bis zu neunzig Prozent ihres Erwerbseinkommens geschätzt.[20] Zumindest sie könnten ihre eigene soziale Sicherung zahlen, sie wollen es aber nicht. Ein befreundeter Wissenschaftler scherzte unlängst, dass wir die nächsten Steuererhöhungen erst wieder sehen werden, wenn das Geld für die steigenden Lasten der Beamtenpensionen ausgeht. Das ist übertrieben, zeigt aber, was er von der Politik erwartet.

In der politischen Ökonomie gilt das Gesetz, dass es für ein Sozialsystem langfristig den Tod bedeutet, wenn die Meinungsführer der Gesellschaft darin nicht mitversichert sind. Dann ist es aus ihrer Sicht nur ein Kostenfaktor und hat keinen Bezug zu ihrem eigenen Leben. In diesem Sinne sind unsere Sozialsysteme und auch die unteren Stufen unseres Bildungssystems dem Tod geweiht. Die meisten Politiker, Ministerialbeamten, Topjournalisten, Professoren und Unternehmer, diejenigen Gruppen also, die den politischen Druck gegen die einflussreichen Lobbyisten der Privilegierten aufbauen könnten, gehören selbst zu den Privilegierten. Nur im Ausnahmefall werden sie sich für Reformen starkmachen, durch die sie eigene Vorteile einbüßen.

So protestierten bei der Gesundheitsreform 2007 etwa die Kassenärztliche Vereinigung, die Bundesärztekammer, der Bundesverband der Pharmazeutischen Industrie, der Verband der Privaten Krankenversicherungen, der Zentralverband des Deutschen Handwerks, der Deutsche Beamtenbund, die Deutsche Krankenhausgesellschaft sowie der Bundesverband der Freien Berufe erfolgreich gegen den Abbau der Zweiklassenmedizin durch die Abschaffung der Privaten Krankenversicherungen.[21] Es fehlen der Gesetzlichen Krankenversicherung somit zehn Prozent der Versicherten, die über dreißig Prozent des Einkommens, fünfzig Prozent des Vermögens und vielleicht achtzig Prozent des politischen Einflusses in der Bevölkerung verfügen. Wie sollen die Lohnnebenkosten gesenkt werden, ohne dass diese Gruppen in das System einbezogen werden? Weil sie nichts davon hätten, wenn in das Gesundheitssystem mehr Steuern flössen, konnten sie 2007 über ihre geschickte Lobbyarbeit die sogar von der Kanzlerin geforderte Erhöhung des Steueranteils für die gesetzlichen Krankenkassen verhindern.[22]

Ein echter Abbau der Zweiklassenmedizin mit einem weniger über die Löhne finanzierten Gesundheitssystem wäre ein Segen für die Gesundheit der Bevölkerung und für den Arbeitsmarkt. Das ließe sich aber nur gegen den massiven Widerstand der privilegierten Bevölkerungsgruppen durchsetzen. Viele einflussreiche Leute sowie die ihnen nahestehenden Zeitungs- und Fernsehredakteure verlangen, flankiert von Gutachten willfähriger Professoren, vom Staat dabei genau die Reformen, die sie im Hintergrund selbst blockieren.

So sollen die Lohnnebenkosten sinken, gleichzeitig aber die Steuern für die Reichen gesenkt werden. Wie soll das gehen? Die Beitragssätze für die Kranken-, Pflege-, Renten- und Arbeitslosenversicherung können nicht gesenkt werden, wenn gleichzeitig die Einkommensteuer gesenkt wurde, die Unternehmenssteuer erneut gesenkt werden soll, die Vermögenssteuer abgeschafft wurde und die gerechteste aller Steuern, die Erbschaftssteuer, auf einem international einmalig niedrigen Niveau bleiben soll.

Der Wirtschaftsminister, der die katastrophalen Auswirkungen der Lohnnebenkosten auf den Arbeitsmarkt am besten kennen müsste, verlangt schon wieder Steuersenkungen. Die FDP klatscht sofort eifrig Beifall. Kein Wunder. Sie geriert sich zwar als klassisch liberale Wirtschaftspartei, fällt aber spätestens seit 1980 als Motor für eine leistungsorientierte Gesellschaft komplett aus. Von allen Parteien Deutschlands ist sie am stärksten im Griff der Privilegierten und agiert oft nur noch als Sprachrohr der Verbände. Da ist der Widerstand gegen den Abbau der Privilegien zugunsten des Allgemeinwohls auch weiterhin vorprogrammiert.

Ähnlich ist es mit den dringend notwenigen Reformen unseres Bildungssystems. Nach einem Vortrag vor Parteifreunden zu diesem Thema stimmte mir unlängst eine Parteigenossin zu, dass jetzt die Gemeinschaftsschule nach skandinavischem Vorbild endlich kommen müsse. Als ich Minuten später die Abschaffung der Gymnasien forderte, ging ich aus ihrer Sicht zu weit. Aber wie soll man duschen, ohne nass zu werden? Es geht nicht ohne eine Kampfansage an die bestehenden Strukturen, so unangenehm und gefährlich diese Konfrontation für viele von uns ist. Eine allgemeine Pflicht zum Vorschulbesuch und zur Sprachförderung wird nur gegen großen Protest durchzusetzen sein. Hier gibt es keine «Win-Win»-Lösungen, von denen sofort alle profitieren.

Ein großer Teil der Politik kann durch kluge Moderation und die Auswahl der richtigen Alternative geleistet werden. Bei der Lösung der zentralen Probleme unseres Landes wird uns diese sanfte Gangart aber nicht weiterhelfen. Hier gilt es, das als richtig Erkannte gegen den Widerstand der Nutznießer des jetzigen Systems durchzusetzen.

Je länger wir mit den Reformen warten, umso teurer werden sie uns später zu stehen kommen. Je mehr Menschen ohne brauchbare Bildung die Schule bereits verlassen haben, umso kostspieliger wird es, sie ein Leben lang zu subventionieren. Je mehr Arbeitsplätze für Geringqualifizierte bereits ins Ausland verlagert wurden, umso aufwendiger wird es, neue Arbeitsplätze für sie zu schaffen. Je weniger Arbeiterkinder mit Talent in unseren Schulen gefördert werden, desto schwerer wird es uns fallen, in der globalisierten Arbeitswelt erfolgreich zu bleiben und die Babyboomer zu ersetzen. Je weniger Kinder wegen der fehlenden Vereinbarkeit von Beruf und Familie heute geboren werden, umso mehr muss ihnen später geboten werden, damit sie sich für Nachwuchs entscheiden. Denn sie müssen auch einen Teil der Kinder bekommen, deren Mütter nie geboren wurden. Je weniger wir heute in die Sprachförderung und die vorschulische Bildung der Migrantenkinder investieren, umso mehr kostet uns später ihre staatliche Abhängigkeit. Je weniger wir unser Gesundheitssystem auf die Probleme der arbeitenden Bevölkerung konzentrieren und stattdessen Privatversicherte hofieren, umso geringer wird der Anteil derer sein, die bis Mitte sechzig produktiv arbeiten können.

Ohne Reformen zulasten der Privilegierten werden die nächsten Generationen ungerechte und ineffiziente Sozialsysteme erben und in einem Staat leben, dessen Bevölkerung unaufhaltsam schrumpft. Das wird nicht nur unsere Wirtschaftskraft schwächen, sondern auch die Akzeptanz der Demokratie in Deutschland unterhöhlen. Unser Staat scheint noch gerechter, als er ist. Die meisten werden den Staat bald als ungerecht durchschauen und sich entsprechend benehmen. Ein Zweiklassenstaat fördert die moralisch niedrigsten Verhaltensweisen in seiner Bevölkerung und hat gleichzeitig nicht die moralische Autorität, sich darüber zu erheben.

Die Schaffung von Gerechtigkeit wird heute von zu vielen als Kürprogramm des Staates gesehen, dabei ist es seine zentrale Pflicht. Die Privilegierten und ihre Lobbyisten behaupten aber, die Produktivität sei wichtiger. In Wahrheit jedoch verliert unsere Gesellschaft an Produktivität, weil sie so ungerecht ist. Dies werden in Deutschland immer mehr Menschen begreifen.

Und auch die Bildungsarmen werden zum Schluss erkennen, dass der Staat es war, der sie im Auftrag einer kleinen Herkunftselite um ihre Chancen betrogen hat. Spätestens dann wird unser gesellschaftlicher Konsens aufgekündigt. Die Kriminalität und die Ausländerfeindlichkeit werden steigen, der Lebensstandard und die Lebensqualität sinken.

Damit es dazu nicht kommt, muss sofort gehandelt werden. Von allen Operationen, die am Exportweltmeister notwendig sind, hat der sofortige radikale Umbau unseres Bildungssystems die höchste Priorität, weil hier die Weichen für die Zukunft unserer Gesellschaft und die Wettbewerbsfähigkeit unserer Wirtschaft gestellt werden.

Die gegenwärtig diskutierten Vorschläge zur Weiterentwicklung des Systems innerhalb der bestehenden Strukturen sind völlig unzureichend, weil sie mitunter die Ungerechtigkeiten verstärken würden, wenn etwa Kindertagesstätten nur für einen Teil der Kinder vorgehalten werden, oder jede Nachhaltigkeit vermissen lassen, weil unser mehrgliedriges Schulsystem unangetastet bleiben soll. Wir brauchen aber nicht nur die Höherqualifizierung der Erzieher, die Vorschule für alle, den Pflicht-Sprachunterricht für Migranten und die Ganztagsschule, sondern auch die hochwertige Gemeinschaftsschule.

Nur durch den kompletten Umbau unseres Bildungswesens kann erreicht werden, dass alle Kinder gleich gute Chancen haben und das Potential der Arbeiter- und Migrantenkinder nicht länger ungenutzt bleibt. Außerdem ist ein qualitativ hochwertiges ganztägiges Bildungsangebot für Kinder eine wichtige notwendige Voraussetzung für eine höhere Geburtenrate. Eile tut not, denn selbst wenn wir diese Reformen jetzt so schnell wie möglich angehen, werden sie erst ab dem Jahr 2050 deutliche Wirkung am Arbeitsmarkt und bei der Altersstruktur unserer Bevölkerung zeigen.

Bei den geforderten Reformen geht es nicht um eine Umverteilung des Wohlstands, sondern um die Schaffung von Gerechtigkeit, um unseren Wohlstand langfristig zu sichern und zu mehren. Was die vom Unrecht Profitierenden als Neid abtun, ist in Wahrheit die Grundlage für den politischen Konsens in unserer Gesellschaft. Diesen Konsens wiederherzustellen würde ein riesiges politisches Vakuum in Deutschland füllen.

Eine Politik für eine gerechte Gesellschaft erfordert sehr viel Mut, muss man sich dafür doch mit vielen etablierten Entscheidungsträgern anlegen, die einen großen Teil der Wirtschaft und der Medien auf ihrer Seite haben. Sie arbeiten im Hintergrund, verfügen über einflussreiche Netzwerke und verlangen fortwährend nach Reformen, die den Zweiklassenstaat weiter zementieren würden. Leider gehen ihnen viele Politiker ins Netz. Auch Politiker, die selbst aus bescheidenen Verhältnissen kommen, vergessen oft ihre Herkunft und scheuen die Konfrontation zum Wohle derer, die heute ohne die Chancen sind, auf die sie selbst noch vor kurzem angewiesen waren.

Der Kampf für Gerechtigkeit, und nicht die Bedienung einer kleinen Klientel von Saturierten, ist aber die zentrale Aufgabe der Politik. Es ist zu hoffen, dass sich über alle Parteigrenzen hinweg wieder mehr von uns darauf besinnen. Denn auf keinem anderen Schlachtfeld als in der Politik kann der Zweiklassenstaat überwunden werden.

Anmerkungen

Zum Kapitel «Bildung erster und zweiter Klasse»

1 Statistisches Bundesamt, Pressemitteilung vom 13.02.2007; *Schnellmeldung zur Wirtschaftsleistung im 4. Quartal 2006.*

2 Im Jahr 2005 wurden 2,46 Prozent ausgewiesen.

3 Diese Angaben gehen auf Daten des Stifterverbands für die Deutsche Wissenschaft zurück. Dort weitere Informationen unter: http://www.stifterverband.de (http://www.stifterverband.org). Die öffentlichen Ausgaben für Bildung hatten laut der OECD-Studie «Bildung auf einen Blick» in den Jahren 2002 und 2003 in Deutschland einen Anteil von 9,8 Prozent an den öffentlichen Gesamtausgaben. Damit liegt Deutschland in beiden Jahren unterhalb des OECD-Durchschnitts. Im OECD-Mittel machten diese Ausgaben 12,9 Prozent der öffentlichen Gesamtausgaben aus und waren seit 1995 um einen vollen Prozentpunkt gestiegen, wohingegen der Anstieg in Deutschland im gleichen Zeitraum nur 0,1 Prozent betrug.

4 Angabe für Deutschland: Statistisches Bundesamt.

5 Rose, G., Treier, V.: *FuE-Verlagerung: Innovationsstandort Deutschland auf dem Prüfstand,* DIHK-Studie auf Basis einer Unternehmensbefragung durch die Industrie- und Handelskammern; 2005.

6 Siehe ebd.

7 Statistisches Bundesamt. 2006 (http://destatis.de/basis/d/biwiku/schultab16.php). Zugriff am 23.04.2007.

8 OECD. *Education at a Glance.* OECD Indicators 2006. Die jährlich erscheinende Untersuchung der Organisation für wirtschaftliche Zusammenarbeit und Entwicklung (OECD) analysiert die Entwicklung der Bildungssysteme in den 30 größten Industrienationen und konzen-

trierte sich 2006 auf den Hochschulbereich. Dort erhöhte Deutschland den Anteil der Absolventen zwischen 2000 und 2004 zwar von 19,3 auf 20,6 Prozent. Die meisten OECD-Länder machten aber weit größere Fortschritte: Im Durchschnitt weisen inzwischen 36,8 Prozent eines Altersjahrgangs einen Abschluss im tertiären Bereich des Bildungswesens vor. Die Zahlen, die die OECD vorgelegt hat, sind allerdings aufgrund unterschiedlicher Bildungssysteme nicht direkt vergleichbar. Ein Teil der Abschlüsse, die andernorts an Hochschulen gemacht werden, werden in Deutschland durch die Berufsausbildung erworben. Der Anteil der deutschen Uni-Absolventen an der Gesamtzahl der Absolventen im OECD-Raum sei seit dem Jahr 2000 bereits von 6,8 auf 5,7 Prozent zurückgegangen. International geht der Trend in Richtung Spitzenqualifikation für möglichst viele. In Deutschland stiegen die Studienanfängerzahlen zwischen 1988 und 2004 nur unterhalb des OECD-Schnitts. Beim Prozentanteil der Menschen mit Hochschulreife fiel Deutschland vom 9. auf den 22. Platz ab.

[9] Isserstedt, W., Middendorff, E., Weber, S., Schnitzer, K., Wolter, A.: *Die wirtschaftliche und soziale Lage der Studierenden in der Bundesrepublik Deutschland 2003 - 17. Sozialerhebung des Deutschen Studentenwerks, durchgeführt durch HIS Hochschul-Informations-System;* Bundesministerium für Bildung und Forschung (Hrsg.); Bonn, Berlin 2004.

[10] McKinsey Global Institute. *The Coming Demographic Deficit: How Aging Populations Will Reduce Global Savings* (http://www.mckinsey.com/mgi/publications/demographics/index.asp). Zugriff am 04.04.2007.

[11] Eigene Berechnungen bei einem Renteneinstiegsalter von 65 Jahren nach Angaben des Statistischen Bundesamtes. Bei einem Renteneinstiegsalter von 67 Jahren würde ein Erwerbstätiger circa zwei Drittel der Rente eines Rentners finanzieren.

[12] Je nach Szenario des Anstiegs des Beitragssatzes auf 20 bis 30 Prozent ergeben sich die genannten Prozentangaben.

[13] Insgesamt wurde sogar etwa jedem vierten Kind in den drei Testjahren 2004 bis 2006 (2004: 26,1 Prozent, 2005: 25,5 Prozent, 2004: 24,1 Prozent) bei der Einschulungsuntersuchung ein Sprachförderbedarf attestiert (http://www.berlin.de/sen/bildung/schulqualitaet/lernausgangsuntersuchungen/). Zugriff am 13.04.2007.

[14] Fried, L.: *Expertise zu Sprachstandserhebungen für Kindergarten-*

kinder und Schulanfänger – Eine kritische Betrachtung. Deutsches Jugendinstitut; 2003 (http://dji.de/bibs/271_2232_ExpertiseFried.pdf). Zugriff am 23.04.2007.

[15] Eigene Berechnungen der Bundeszentrale für politische Bildung; Stand November 2004 (http://www.bpb.de/files/GINVL5.pdf). Zugriff am 16.04.2007.

[16] Fix, B.: *Familienpolitik im internationalen Vergleich: Von Europa lernen.* In: Fthenakis, W. E., Textor, M. R. (Hrsg.): Online-Familienhandbuch. München; 2003 (http://www.familienhandbuch.de/cmain/f_Programme/a_Familienpolitik/s_877.html). Zugriff am 15.02.2007.

Matthies, A. L.: *Nicht mehr in Frage gestellt. Kinderbetreuung in Finnland.* Kinder-Tageseinrichtungen aktuell 2003;18:125–128.

[17] Arnett, J.: *Training for caregivers in day care centers.* Vortrag beim Halbjahrestreffen der Society for Research in Child Development. Baltimore; April 1987.

Clarke-Stewart, K. A.: *Predicting child development from child care forms and features: The Chicago Study.* In: Phillips, D. A. (Hrsg.): Quality in child care: What does research tell us? Washington: National Association for the Education of Young Children, 1987; 21–42.

Howes, C.: *Caregiver behavior in centers and family day care.* Journal of Applied Developmental Psychology 1983; 4:99–107.

Klinzing, D. G., Klinzing, D. R.: *An examination of the verbal behavior, knowledge, and attitudes of day care teachers.* Education 1974; 95:65–71.

Lazar, I., Darlington, R. B., Murray, H., Royce, J., Snipper, A.: *Lasting effects of early education: A report of the Consortium for Longitudinal Studies.* Monographs of the Society for Research in Child Development; 1982; 47 (195); Nos. 2–3.

[18] OECD: *Starting Strong II: Early Childhood Education and Care*; 2006: 86, 336.

[19] Untersuchung Deutsch Plus (2006), (http://www.berlin.de/sen/bildung/schulqualitaet/lernausgangsuntersuchungen/). Zugriff am 13.04.2007.

[20] Matthies, A. L.: *Wo ein Rad ins andere greift. Wie sich Wirtschaft, Bildung und Familienpolitik in Finnland gegenseitig auf die Sprünge helfen.* Brandenburgische Hefte für Wissenschaft und Politik; 2004; 24:31ff.

[21] Bengt Erik Andersson hat mit seiner Studie zum Zusammenhang

von guter außerhäuslicher Kinderbetreuung und schulischem Erfolg an schwedischen Kindern, die u. a. im Alter von 8 und 13 Jahren untersucht wurden, einen eindeutigen Zusammenhang zwischen einem besseren Abschneiden dieser Kinder in kognitiven Tests nachgewiesen, siehe: Andersson, B. E.: *Effects of public day care: A longitudinal study*. Child Development 1989; 60:857–866; sowie derselbe: *Effects of day-care on cognitive and emotional competence of thirteen-year-old Swedish schoolchildren*. Child Development 1992; 63:20–36.
Eine Metaanalyse aus dem Jahr 1998 weist in dieselbe Richtung, siehe: Zoritch, B., et al.: *The health and welfare effects of day-care: a systematic review of randomised controlled trials*. Social Science and Medicine 1998; 47:317–327.
Auch Studien aus Frankreich zeigen, dass Kinder, die aus sozial schwachen Familien in Familien mit einem hohen sozioökonomischen Status adoptiert werden, daraufhin einen um 12 bis 16 Punkte höheren Intelligenzquotienten erreichen, siehe: Wahlsten, D.: *The malleability of intelligence is not constrained by heritability*. In: Devlin, B., et al. (Hrsg.): Intelligence, Genes, and Success: Scientists respond to The Bell Curve. New York: Springer 1997:71–87.

[22] Hock, B., Holz, G., Wüstendörfer, W.: *Frühe Folgen – langfristige Konsequenzen? Armut und Benachteiligung im Vorschulalter*. Vierter Zwischenbericht zu einer Studie im Auftrag des Bundesverbandes der Arbeiterwohlfahrt. Frankfurt am Main 2000.

[23] Klieme, E., Döbert, H., et al. und Arbeitsgruppe Internationale Vergleichsstudie: *Vertiefender Vergleich der Schulsysteme ausgewählter PISA-Staaten*. Bundesministerium für Bildung und Forschung, Bonn 2003.

[24] Prenzel, M., Baumert, J., Blum, W., Lehmann, R., Leutner, D., Neubrand, M., Pekrun, R., Rost, J., Schiefele, U. (PISA-Konsortium Deutschland): *PISA 2003: Ergebnisse des zweiten Ländervergleichs – Zusammenfassung*. 2003: Tabelle 9.1, 32.

[25] Deutscher Bildungsbericht 2006 (http://www.bildungsbericht.de/zeigen.html?seite=4327). Zugriff am 16.02.2007.

[26] IW – Institut der deutschen Wirtschaft Köln: *Anforderungsprofile von Betrieben – Leistungsprofile von Schulabgängern*. Untersuchung im Auftrag des Bundesministeriums für Bildung, Wissenschaft, Forschung und Technologie, Köln 1997.

[27] Bialystok, E., Craik, F. I., Freedman, M.: *Bilingualism as a protection against the onset of symptoms of dementia.* Neuropsychologia 2007;45(2):459–464.

[28] OECD: *Where immigrant students succeed – A comparative review of performance and engagement in PISA 2003*; 2006.

[29] Entorf, H., Minoiu, N.: *What a difference immigration policy makes: a comparison of PISA scores in Europe and traditional countries of immigration.* German Economic Review 2005;6(3):355–376.

[30] In der Auswertung der PISA-Studie wurden die erreichten Testpunkte in Deutschland auch nach Migrationsstatus untersucht. Dabei zeigte sich, dass Jugendliche mit Migrationshintergrund durchweg schlechter abschneiden. Das höchste Kompetenzniveau, jedoch immer noch zwischen 5 und 40 Punkten unter dem Durchschnitt in den jeweiligen Bundesländern, weisen die Kinder auf, bei denen nur ein Elternteil im Ausland geboren ist. Für Jugendliche, deren Eltern beide aus dem Ausland stammen, ist der Abstand zwischen 46 und 105 Punkten. Siehe dazu: Prenzel, M., Baumert, J., Blum, W., Lehmann, R., Leutner, D., Neubrand, M., Pekrun, R., Rost, J., Schiefele, U. (PISA-Konsortium Deutschland): *PISA 2003: Ergebnisse des zweiten Ländervergleichs-Zusammenfassung.*

[31] Statistisches Bundesamt. *Datenreport 2004. Zahlen und Fakten über die Bundesrepublik Deutschland. Teil II: Objektive Lebensbedingungen und subjektives Wohlbefinden im vereinten Deutschland.* 2004 (2. Aufl.): 497

[32] EUROSTUDENT Report 2005: *Social and Economic Conditions of Student Life in Europe 2005* (http://www.bmbf.de/pub/eurostudent_report_2005.pdf). Zugriff am 16.04.2007.

[33] Frankfurter Allgemeine Zeitung, 8.05.2001 und 12.07.2001.

[34] Siehe zum Beispiel Frankfurter Allgemeine Zeitung, 12.07.2001. Viele Haupt- und Realschullehrer treten mittlerweile selbst für die Abschaffung ihrer Schulformen ein, wie ein offener Brief von rund 100 Haupt- und Realschulrektoren aus Baden-Württemberg an den zuständigen Kultusminister vom 30. April 2007 zeigt, in dem nachdrücklich die Gemeinschaftsschule gefordert wird (http://spiegel.de/schulspiegel/wissen/0,1518,481824,00.html). Zugriff am 09.05.2007.

[35] McArthur, G., Hogben, J., Edwards, V., Heath, S., Mengler, E.: *On the «specifics» of specific reading language impairment.* Jour-

nal of Child Psychology and Psychiatry and Allied Disciplines 2000;41:869–874.

[36] Vgl. Portes, A., Rumbaut, R. G.: *Legacies. The Story of the Immigrant Second Generation.* Berkeley 2001.

[37] Auch in Finnland gab es Widerstände vor allem seitens der Lehrer/innen zu überwinden, als ab 1970 das dreigliedrige Schulsystem durch die neunjährige Gemeinschaftsschule ersetzt wurde. Erst danach erfolgt die Trennung in die Vorbereitung auf das Studium (Abitur) oder die Berufsausbildung. Mehr zu den Vorzügen des finnischen Systems: Matthies, A. L.: *Finnisches Bildungssystem und Familienpolitik – ein leuchtendes Beispiel?* Aus Politik und Zeitgeschichte 2002;41:38–45. Sowie dieselbe: *Wo ein Rad ins andere greift. Wie sich Wirtschaft, Bildung und Familienpolitik in Finnland gegenseitig auf die Sprünge helfen.* Brandenburgische Hefte für Wissenschaft und Politik; 2004;24:31–46.

[38] OECD: *Education at a Glance*; 2006:58.

[39] Statistisches Landesamt Sachsen-Anhalt. *Arbeitslosenquoten im Land Sachsen-Anhalt nach Kreisen im Jahresdurchschnitt.* Stand April 2007 (http://www.statistik.sachsen-anhalt.de/Internet/Home/Daten_und_Fakten/1/13/132/13211/Arbeitslosenquoten_nach_Kreisen.html). Zugriff am 23.04.2007.

[40] Daly, K.: *Gender Inequality, Growth and Global Ageing.* Global Economics Paper No. 154; 2007:5.

Zum Kapitel «Zweiklassenmedizin»

[1] Bundesministerium für Gesundheit: *Versicherungsstatus der Bevölkerung gemäß Angaben des Bundesministeriums für Gesundheit.* In: Statistisches Taschenbuch Gesundheit 2005: Nr. 9.1.

[2] Urbach, D. R., Bell, C. M., Austin, P. C.: *Differences in operative mortality between high- and low-volume hospitals in Ontario for 5 major surgical procedures: estimating the number of lives potentially saved through regionalization.* Canadian Medical Association Journal 2003;168(11):1409–1414.

[3] Birkmeyer, J. D., Stukel, T. A., Siewers, A. E., Goodney, P. P., Wennberg, D. E., Lucas, F. L.: *Surgeon Volume and operative morta-*

lity in the United States. New England Journal of Medicine 2003;349 (22):2117–2127.
Birkmeyer, J. D., Siewers, A. E., Finlayson, E. V., Stukel, T. A., Lucas, F. L., Batista, I., Welch, H. G., Wennberg, D. E.: *Hospital volume and surgical mortality in the United States.* New England Journal of Medicine 2002;346(15):1128–1137.
Finlayson, E. V., Goodney, P. P., Birkmeyer, J. D.: *Hospital volume and operative mortality in cancer surgery: a national study.* Archives of Surgery 2003;138(7):721–725.
Begg, C. B., Craner, L. D., Hoskinds, W. J., Brennan, M. F.: *Impact of hospital volume on operative mortality for major cancer surgery.* Journal of the American Medical Association 1998;280(20):1747–1751.
Simunovic, M., Rempel, E., Theriault, M. E., Coates, A., Whelan, T., Holowaty, E., Langer, B., Levine, M.: *Influence of hospital characteristics on operative death and survival of patients after major cancer surgery in Ontario.* Canadian Journal of Surgery 2006;49 (4):251–258.
Schragg, D., Cramer, L. D., Bach, P. B. Cohen, A.M., Warren, J.L., Begg, C.B.: *Influence of hospital procedure volume on outcomes following surgery for colon cancer.* Journal of the American Medical Association 2000;284(23):3028–3035.

[4] Dudley, R.A., Johansen, K.L., Brand, R., Rennie, D.J., Milstein, A.: *Selective referral to high-volume hospitals: estimating potentially avoidable deaths.* Journal of the American Medical Association 2000;283(9): 1159–1166.

[5] Zum Zusammenhang zwischen der Geburtenzahl an einem Krankenhaus und den Überlebenschancen des Neugeborenen: Heller, G., Richardson, D.K., Schnell, R., Misselwitz, B., Kunzel, S., Schmid, S.: *Are we regionalized enough? Early neonatal deaths in low-risk births by the size of delivery units in Hessen.* Germany 1990–1999. International Journal of Epidemiology 2002;31:1061–1068.
Bartels, D., Wypij, D., Wenzlaff, D., Dammann, O., Poets, C.F.: *Hospital volume and neonatal mortality among very low birthweight infants.* Pediatrics 2006;112:170–177.
Hummler, H.D., Poets, C., Vochem, M., Hentschel, R., Linderkamp, O.: *Mortalität und Morbidität sehr unreifer Frühgeborener in Baden-Württemberg in Abhängigkeit von der Klinikgröße. Ist der derzeitige Grad*

der Regionalisierung ausreichend? Zeitschrift für Geburtshilfe und Neonatologie 2006;210.

Poets, C.F., Bartels, D.B., Wallwiener, D.: *Patient volume and facilities measurements as quality indicators of peri- and neonatal care: a review of data from the last 4 years.* Zeitschrift für Geburtshilfe und Neonatologie 2004;208(6):220 – 225.

[6] Derzeit gibt es in Deutschland circa 1656 C4-Stellen und circa 2124 C3-Stellen in der Medizin. Rechnet man, dass sich diese auf etwa 25 Jahrgänge verteilen, dann werden etwa 151 Studierende eines Jahrgangs C3- oder C4-Professor. Bei circa 8500 Studierenden pro Jahr ergibt sich ein Chancenverhältnis von 1 zu 56, sich gegen die anderen als Professor zu behaupten.

[7] Kienbaum Consultants International GmbH: *Aktuelle Kienbaum-Studie: Vergütung von Führungskräften in Krankenhäusern 2005; 30.11.2006.*

[8] Otte, M.: *Chronic pancreatis and pancreatic carcinoma in the elderly.* Schweizer Rundschau für Medizin Praxis 2005;94(22):943 – 948.

[9] Begg, C.B., Cramer, L.D.; Hoskins, W.J.; Brennan, M.F. (1998): *Impact of hospital volume on operative mortality for major cancer surgery.* Journal of the American Medical Association 1998;280(20):1747 – 1 751.

[10] Gandjour, A., Lauterbach, K.W.: *International comparison of output and productivity of health economic research.* Informatik, Biometrie und Epidemiologie in Medizin und Biologie 2003:88 – 95.

[11] Lenhard, M.S., Johnson, T.R., Himsl, I., Ditsch, N., Rueckert, S., Friese, K., Untch, M.: *Obstetrical and gynecological writing and publishing in Europe.* European Journal of Obstetrics and Gynecology and Reproductive Biology 2006;129(2):119 – 123.

Winkmann, G., Schlutius, S., Schweim, H.G.: *Publication languages of Impact Factor journals and of medical bibliographic databanks.* Deutsche Medizinische Wochenschrift 2002;127(4):131 – 137.

[12] Bojunga, G.: *Is research in Germany up for sale? Results of a study of Transparency International Germany.* Wiener Medizinische Wochenschrift 2002;152(9 – 10):244 – 245.

[13] Wild, F.: *Arzneimittelversorgung von Privatversicherten: Die Verordnung von neuen Wirkstoffen.* WIP-Diskussionspapier 1 / 07. Köln, März 2007.

[14] Zur Versorgung in Spezialambulanzen nach Versichertenstatus siehe: Lauterbach, K.W., Schwartz, F.W., Potthoff, P., Schmitz, H., Lüngen, M., Krauth, C., Klostermann, B., Gerhardus, A., Stock, S., Steinbach, T., Müller, U., Brandes, I.: *Bestandsaufnahme der Rolle von Ambulanzen der Hochschulkliniken in Forschung, Lehre und Versorgung an ausgewählten Standorten (Hochschulambulanzenstudie).* Asgard, Sankt Augustin 2003.

[15] OECD Health Data 2006: Statistics and Indicators for 30 Countries (CD-ROM 2007).

[16] World Health Organization: *The World health report 2000: Health systems: improving performance.* WHO, Genf 2001.

[17] Bei allen Zitaten wurden die Namen geändert. Sie stammen aus den Foren der Website www.facharzt.de, abgerufen wurden sie dort im Februar und März 2007.

[18] OECD Health Data 2006: Statistics and Indicators for 30 Countries (CD-ROM 2007).

[19] Gutachten des Sachverständigenrats für die Konzertierte Aktion im Gesundheitswesen: *Bedarfsgerechtigkeit und Wirtschaftlichkeit. Band III.2: Ausgewählte Erkrankungen: ischämische Herzkrankheiten, Schlaganfall und chronische, obstruktive Lungenkrankheiten, 2000/2001.* Nomos, Baden-Baden 2002.

[20] Süddeutsche Zeitung, 21.03.2000.

[21] Deutsches Ärzteblatt, 22.03.2002:763.

[22] Sant, M., Capcaccia, R., Vordecchia, A., Esteve, J., Gatta, G., Micheli, A., Coleman, M.P., Berrino, F.: *Survival of women with breast cancer in Europe: variation with age, year of diagnosis and country.* The EUROCARE Working Group. International Journal of Cancer. 1998;77(5):679–683.

[23] Albert, U.S., Koller, M., Lorenz, W., Doherty, J., Schulz, K.D., Wagner, U., Kopp, I.: *A concept for the implementation and evaluation of the guideline «Early Detection of Breast Cancer in Germany».* Zeitschrift für ärztliche Fortbildung und Qualitätssicherung. 2004;98(5):347–359.

[24] Rathmann, W., Giani, G.: *Qualität der Arzneimittelversorgung bei Patienten mit Diabetes Mellitus Typ 2 in Deutschland.* Deutsche Medizinische Wochenschrift 2003;128:1183–1186.

Von Ferber, L., Köster, I., Hauner, H.: *Medical costs of diabetic com-*

plications. Total costs and excess costs by age and type of treatment. Results of the German CoDiM study. Experimental and Clinical Endocrinology and Diabetes 2007;115(2):97–104.

[25] Gutachten des Sachverständigenrats für die Konzertierte Aktion im Gesundheitswesen: *Bedarfsgerechtigkeit und Wirtschaftlichkeit. Band III.2: Ausgewählte Erkrankungen: ischämische Herzkrankheiten, Schlaganfall und chronische, obstruktive Lungenkrankheiten, 2000/2001.* Nomos, Baden-Baden 2002.

[26] Ebd.

[27] Hu, J.C., Gold, K.F., Pashos, C.L., Mehta, S.S., Litwin, M.S.: *Role of surgeon volume in radical prostatectomy outcomes*. Journal of Clinical Oncology 2003;21: 401–405.
Begg, C.B., Riedel, E.R., Bach, P.B., Kattan, M.W., Schrag, D., Warren, J. L., Scardino, P.T.: *Variations in morbidity after radical prostatectomy.* New England Journal of Medicine 2002;346(15):1138–1144.

[28] Ellison, L.M., Heaney, J.A., Birkmeyer, J.D.: *The effect of hospital volume on mortality and resource use after radical prostatectomy*. Journal of Urology 2000;163:867–869.
Vergleicht man die deutschen Zahlen mit den hier geforderten 55 Eingriffen pro Krankenhaus pro Jahr, wie es im Krankenhausreport 2002 gemacht wurde, ergibt sich folgendes Bild: Insgesamt haben damals 259 Krankenhäuser Prostatektomien durchgeführt. Der Mittelwert der pro Haus durchgeführten Eingriffe lag damit bei 42 (Standardabweichung: 45) und also unter dem diskutierten Mindestvolumen. 10 Prozent der Häuser machten nur bis zu 6 Eingriffe pro Jahr, 25 Prozent der Häuser bis zu 14 Eingriffe pro Jahr. Die 50 Prozent Häuser mit den niedrigeren Operationszahlen machten bis zu 28 Eingriffe pro Jahr. Nur 25 Prozent der Häuser machten mehr als 52 Eingriffe pro Jahr. 10 Prozent der Häuser mit den höchsten Operationszahlen machten mehr als 97 Eingriffe pro Jahr. Wenn man die Einteilung von Hu (s. o.) anlegt, wo 40 Operationen pro Chirurg die Grenze zwischen denjenigen mit niedrigen und hohen Operationszahlen ist, lässt sich ermessen, wie wenig urologische Operateure in Deutschland diese Zahl überhaupt erreichen.

[29] Bundesgesetzblatt Nr. 55. Ausgegeben zu Bonn am 19.11.2003.

[30] Deutsches Ärzteblatt 2006;103(11):A666–A667.

[31] Im Jahr 2007 beträgt die Beitragsbemessungsgrenze 42 750 Euro brutto, das entspricht 3562,50 Euro pro Monat.

[32] § 232a bestimmt für Empfänger von Arbeitslosengeld II als beitragspflichtige Einnahmen den 0,3450fachen Teil der monatlichen Bezugsgröße nach § 18 SGB IV. Diese beträgt zurzeit 2450 Euro. Für das Jahr 2007 beträgt der Beitragssatz für Empfänger von Arbeitslosengeld II nach § 246 SGB V 13,3 v. H. (Bekanntmachung BMG vom 10.11.2006). Daraus ergibt sich ein Beitrag von 116,5 Euro.

[33] Sammet, M.: *Die gesundheitliche Belastung von Arbeitslosen – Empirische Belege auf der Basis von Auswertungen von Krankenkassendaten* (GEK).

[34] Lüngen, M., Stollenwerk, B., Gerber, A., Lauterbach, K.W.: *Einbeziehung der privaten Krankenvollversicherung in den Risikostrukturausgleich der gesetzlichen Krankenversicherung in Deutschland. Abschätzung der quantitativen Auswirkungen.* Eingereicht bei German Risk and Insurance Review, Köln.

[35] Statistisches Bundesamt: *Kostenstruktur bei Arzt-, Zahnarzt- und Tierarztpraxen.* Fachserie 2 Reihe 1.6.1, 2006.

[36] Statistisches Bundesamt: *Volkswirtschaftliche Gesamtrechnungen, Inlandsproduktsberechnung, Detaillierte Jahresergebnisse.* Fachserie 18 Reihe 1.4, 2006.

[37] Statistisches Bundesamt: *Kostenstruktur bei Arzt-, Zahnarzt- und Tierarztpraxen.* Fachserie 2 Reihe 1.6.1, 2006.

[38] Niehaus, F.: *Der überproportionale Finanzierungsbeitrag privat versicherter Patienten zum Gesundheitswesen im Jahr 2005.* WIP Diskussionspapier 10/06. Köln 2005.

[39] Lauterbach, K., Klever-Deichert, G., Gerber, A., Lüngen, M.: *Kapitaldeckung und Vertragsabschlusskosten der Privaten Krankenversicherung in Deutschland.* Studien zu Gesundheit, Medizin und Gesellschaft 2006; Köln: Ausgabe 02/2006 vom 05.04.2006.
«Gemeinsame Wettbewerbsgrundsätze der Aufsichtsbehörden der gesetzlichen Krankenversicherung» in der gültigen Fassung vom 20. Oktober 2000 Randziffer 34.

[40] Ohne Berücksichtigung der unterschiedlichen Mitgliederentwicklung. Institut für Wirtschaft und Soziales (WISO) 2005: Strukturen und Kostensteuerungsmechanismen im deutschen Gesundheitswesen unter besonderer Berücksichtigung der GKV. Gutachten im Auftrag des AOK-BV von H. Berie, G. Braeske, U. Fink und I. Völker.

[41] Deutscher Bundesrat: Plenarprotokoll 830 von der Sitzung vom 16. Februar 2007, S. 17.

[42] Berliner Zeitung, 20.07.2005.

[43] Der Stern, 10.11.2005. Die Naturalrabatte verursachten den gesetzlichen Krankenkassen im Jahr 2004 nach Berechnungen von NDC Health circa 660 Millionen Euro zusätzliche Kosten. Addiert man die anderen möglichen Rabattformen hinzu, so ergibt sich für die Gesetzliche Krankenversicherung insgesamt ein Schaden von 1,3 Milliarden Euro.

[44] Heinz-Günter Wolf, Präsident der «Bundesvereinigung Deutscher Apothekerverbände», erklärte in der Berliner Zeitung vom 21.07.2005: «Apotheker schädigen mit Einkaufsrabatten überhaupt nicht das Gesundheitssystem.»

[45] Pro Generika: Marktdaten 2005 / 2006. Pro Generika e. V. 2006.

[46] Lauterbach, K.W., Plamper, E.: *Kontroverse um die ALLHAT-Studie. Effizienz in Zeiten knapper Arzneimittelbudgets.* Deutsches Ärzteblatt 2003;100(30).

Thamm, M.: 1999 *Blutdruck in Deutschland – Zustandsbeschreibung und Trends.* Das Gesundheitswesen, Sonderheft 2;1999; 61:85 – 89.

Thefeld, W.: *Verbreitung der Herz-Kreislauf-Risikofaktoren Hypercholesterinämie, Übergewicht, Hypertonie und Rauchen in der Bevölkerung.* Bundesgesundheitsblatt – Gesundheitsforschung – Gesundheitsschutz 2000;43:415 – 423.

Löwel, H., Meisinger, M., Hymer, H., Alte, D., Völzke, H.: *Epidemiologie der arteriellen Hypertonie in Deutschland. Ausgewählte Ergebnisse bevölkerungsrepräsentativer Querschnittstudien.* Deutsche Medizinische Wochenschrift 2006;131:2586 – 2591.

Rathmann, W., Giani, G.: *Qualität der Arzneimittelversorgung bei Patienten mit Diabetes mellitus Typ 2 in Deutschland.* Deutsche Medizinische Wochenschrift 2003;128:1183 – 1186.

[47] Wolf-Maier, K., Cooper, R.S., Banegas, J.R., Giampaoli, S., Hense, H.W., Joffres, M., Kastarinen, M., Poulter, N., Primatesta, P., Rodriguez-Artalejo, F., Stegmayr, B., Thamm, M., Tuomilehto, J., Vanuzzo, D., Vesico, F.: *Hypertension prevalence and blood pressure levels in 6 European countries, Canada, and the United States.* Journal of the American Medical Association 2003;289(18):2363 – 2369.

[48] Seshardri, S., Wolf, P.A., Beiser, A., Vasa, R.S., Wilson, P.W., Kase,

C.S., Kelly-Hayes, M., Kannel, W.B., D'Agostino, R.B.: *Elevated midlife blood pressure increases stroke risk in elderly persons: the Framingham Study*. Archives of Internal Medicine 2001;161(19):2343–2350.

[49] Schwabe, U., Paffrath, D.: *Arzneiverordnungsreport 2006*. Schattauer, Stuttgart 2006:168.

[50] Der Spiegel, 5.03.2007.

[51] Der Tagesspiegel, 7.03.2007.

[52] Deutsches Ärzteblatt 2007;104(10):C-519.

[53] Verband der privaten Krankenversicherung e. V.: Zahlenbericht der privaten Krankenversicherung 2005/2006:25.

[54] Laut BfArM Statistik zum 15.03.2007 (http://www.bfarm.de/cln_043/nn_424552/DE/Arzneimittel/statistik/statistik-verkf-am-zustBfArM.html). Zugriff am 16.04.2007.

[55] Deutsches Ärzteblatt 1999;96(22):A1474–1476.

[56] Vgl. Bundesministerium für Gesundheit: «Kennzahlen und Faustformeln zur Gesetzlichen Krankenversicherung» (Tabelle: KF06Bund; Stand: 01.03.2007).

[57] http://www.g-ba.de/institution/beschlussgremien/vertragsaerztliche-versorgung/ – Zugriff am 16.3.2007.

[58] Die tageszeitung, 8.12.2006, und Die Zeit, 5.06.2006.

[59] Die Welt, 25.04.2006.

[60] Süddeutsche Zeitung, 1.12.2006.

[61] Die Welt, 15.05.2003, nach Umfragen bei den Kassenärztlichen Vereinigungen.

[62] Interview mit dem Vorstandsvorsitzenden der Barmer Ersatzkasse, Johannes Vöcking, im Deutschlandfunk, 2.04.2007 (http://www.dradio.de/dlf/sendungen/interview_dlf/611377/).

[63] Stuttgarter Zeitung, 5.03.2005

[64] Kassenärztliche Bundesvereinigung: Vorstandsgehälter der KBV und der Kassenärztlichen Vereinigungen 2007. 2007 (http://www.kbv.de/wir_ueber_uns/107.html#GehProzentC3ProzentA4lterProzent20derProzent20VorstProzentC3ProzentA4nde). Zugriff am 17.04.2007.

[65] WHO: European health for all database (http://data.euro.who.int/hfadb/). Zugriff am 23.04.2007.

[66] Statistisches Bundesamt (http://www.destatis.de/themen/d/thm_gesundheit.php#Kranken). Zugriff am 23.04.2007.

[67] Robbers, J., Mohr, V.D.: Fachgrupe Chirurgie beim Bundeskurato-

rium Qualitätssicherung, BQS Bundesgeschäftsstelle Qualitätssicherung: *External comparative quality assurance in appendectomy. Results of 2001 federal evaluation*, Chirurg 2003;74(2):M34-39.
Dobler, K., Mohr, V.D.: Fachgruppe Orthopädie beim Bundeskuratorium Qualitätssicherung, BQS Bundesgeschäftsstelle Qualitätssicherung GmbH: *Clinical performance measurement in surgery and orthopedics - new aspects in 2004.* Zentralblatt für Chirurgie 2004;129(3):165-171.

68 Chassin, M.R.: *Improving the quality of health care: what strategy works?* Bulletin of the New York Academy of Medicine 1996;73(1):81-91.

69 Dziuban, S.W. Jr., McIlduff, J.B., Miller, S.J., Dal Col, R.H.: *How a New York cardiac surgery program uses outcomes data.* Annals of Thoracic Surgery 1994;58(6):1871-1876.

70 Chassin, M.R., Hannan, E.L., DeBuono, B.A.: *Benefits and hazards of reporting medical outcomes publicly.* New England Journal of Medicine 1996;334(6):394-398.
Hannan, E.L., Siu, A.L., Kumar, D., Kilburn, H Jr., Chassin, M.R.: *The decline in coronary artery bypass graft mortality in New York State. The role of surgeon volume.* Journal of the American Medical Association 1995;273(3):209-213.
Hannan, E.L., Kumar, D., Racz, M., Siu, A.L., Chassin, M.R.: *New York State's Cardiac Surgery Reporting System: four years later.* Annals of Thoracic Surgery 1994;58(6):1851-1857.

71 Die Bürgerversicherung als Modell, in dem jeder in Deutschland sich solidarisch an der Finanzierung beteiligt, sieht vor, dass alle Einkommen berücksichtigt werden. Verschiedene Institute, z. B. IGES Berlin, INIFES Augsburg, haben berechnet, wie stark der Beitragssatz durch eine Bürgerversicherung sinkt. Auch das IGKE, Köln hat verschiedene Ausgestaltungen der Bürgerversicherung berechnet. Würde man alle Einwohner mit ihren Einkünften bis zu der im Jahr 2004 bestehenden Beitragsbemessungsgrenze von damals 3487,50 Euro monatlichem Bruttoeinkommen einbeziehen, hätte man damals schon eine Verringerung des Beitragssatzes um 1,8 Prozentpunkte (12,3 Prozent statt 14,4 Prozent) erreicht. Damit wären die Arbeitgeber bei Erhalt der Parität um etwa 8,5 Milliarden Euro entlastet worden.

72 Statistisches Bundesamt 2005: Gesundheit. Ausgaben 1992 bis 2003. Statistisches Bundesamt. Wiesbaden 2005.

OECD Gesundheitsdaten, 2004.
Walter, U.: Wahrnehmung und Umsetzung rechtlicher Bestimmungen zur Prävention in Deutschland. Expertise aus sozialmedizinischer Sicht. Im Auftrag des Bundesministeriums für Gesundheit und Soziale Sicherung; 2003.

[73] Sawicki, P.T.: *Patient-relevant end points: present state of the discussion at the Institute for Quality and Cost-Effectiveness in Public Health.* Deutsche Medizinische Wochenschrift 2006;131(19 Suppl 1):16–20.

[74] Kubler, W.: *Perspectives in cardiological research.* Zeitschrift für Kardiologie 2004;93(8):577–582.

[75] dfg-Ranking: Liste aller deutschen Krankenkassen, 15.02.2007 (Stand Januar 2007).

[76] Ärztezeitung, 14.03.2007

Zum Kapitel «Die wahren Rentenlügen»

[1] Die Statistiken werden vom Bundesversicherungsamt geführt. Siehe (http://www.bva.de/). Zugriff am 23.04.2007.

[2] Infoseite des Bundesministeriums für Arbeit und Soziales: Finanzierung der Gesetzlichen Rentenversicherung (http://www.bmas.bund.de/BMAS/Navigation/Rente/Gesetzliche-Rentenversicherung/finanzierung.html). Zugriff am 23.04.2007.

[3] Ein Überblick über die Reformen findet sich im Bericht der Rürup-Kommission, Seite 66f. Dort sind auch Verweise auf die Gesetzestexte vorhanden.

[4] Die Rentenversicherung in Deutschland basiert auf den Prinzipien der Äquivalenz von Beitrag und Leistung, dem Versicherungsprinzip, der Einkommensersatzfunktion sowie dem sozialen Ausgleich. Diese Prinzipien wurden zuletzt nochmals von der «Rürup-Kommission» dargestellt und explizit als grundlegend für weitere Reformvorschläge bestätigt. Zur Äquivalenz von Beitrag und Leistung führt der Bericht der «Rürup-Kommission» aus, dass sich die Leistungen grundsätzlich nach der Höhe der in der Erwerbsphase gezahlten Beiträge richten sollen. Doppelt so hohe Beiträge führen zu doppelt so hohen Anwartschaften, gemessen in Entgeltpunkten. Die Summe der erworbenen

Entgeltpunkte bestimmt wiederum den individuellen Rentenanspruch. Die Umsetzung einer vollständigen Beitragsäquivalenz ist jedoch nicht möglich, da beispielsweise der Beitragssatz über die Jahre hinweg steigen kann. Dies bedeutet, dass Entgeltpunkte in unterschiedlichen Jahren unterschiedlich «teuer» erworben wurden. Daher wird in der Rentenversicherung lediglich auf die Teilhabeäquivalenz abgestellt. «Durch sie wird sichergestellt, dass zum gleichen historischen Zeitpunkt jeder Versicherte durch gleich hohe Beiträge gleichwertige Anrechte auf Rentenleistungen erwirbt.» Eine Gleichbehandlung von unterschiedlichen Jahrgängen (intergenerative Gerechtigkeit) wird somit nicht unbedingt aufrechterhalten. Die generelle Beibehaltung des Äquivalenzprinzips für Versicherte innerhalb eines Altersjahrgangs ist für die Rentenversicherung jedoch von besonderer Bedeutung. «Jede Abkehr vom Äquivalenzprinzip bedeutet, dass Leistungen einer Personengruppe aus den Beiträgen einer anderen finanziert werden.»

[5] Robert-Koch-Institut: Beiträge zur Gesundheitsberichterstattung des Bundes. Armut, soziale Ungleichheit und Gesundheit. Expertise des Robert Koch-Instituts zum 2. Armuts- und Reichtumsbericht der Bundesregierung. Berlin; 2005:28. Gezeigt wird, dass der Anteil der 40-jährigen Männer, die 80 Jahre alt werden, stark vom Einkommen abhängt. Beträgt das Einkommen unter 60 Prozent des Durchschnittseinkommens, liegt die Wahrscheinlichkeit unter 5 Prozent. Sie steigt auf 25 Prozent, sofern das Einkommen des 40-jährigen Mannes über 150 Prozent des Durchschnittseinkommens beträgt.

[6] Rogot, E., Sorlie, P.D., Johnson, N.J.: *Life expectancy by employment status, income, and education in the National Longitudinal Mortality Study*. Public Health Reports 1992;107:457–461.

[7] Gerdtham, U.G., Johannesson, M. (2000): *Income-related inequality in life-years and quality-adjusted life-years*. Journal of Health Economics 2000;19:1007–1026.

[8] Lauterbach, K., Lüngen, M., Stollenwerk, B., Gerber, A., Klever-Deichert, G.: *Zum Zusammenhang zwischen Einkommen und Lebenserwartung*. Studien zu Gesundheit, Medizin und Gesellschaft 2006; Köln: Ausgabe 01/2006 vom 25.02.2006.

[9] Marmot, M.G., Kogevinas, M., Elston, M.A.: *Social/Economic Status and Disease*, Annual Review of Public Health 1987;8:111–135.

Albus, C., De Backer, G., Bages, N., et al.: *Psychosoziale Faktoren bei koronarer Herzkrankheit – wissenschaftliche Evidenz und Empfehlungen für die Praxis.* Gesundheitswesen 2005;67:1–8.

[10] Lantz, P.M., Lepowski, J.M., Williams, D.R., Mero, R.P., Chen, J.: *Socio-economic factors, health behaviours and mortality*. Journal of American Medical Association 1998; 279:1703–1708.

[11] Siehe zu den Hintergründen beispielsweise die Einleitung zu Siegrist, J., Marmot, M. (Hrsg.): *Social inequalities in health. New evidence and policy implications*, Oxford University Press 2006:1–26; und Von Gaudecker, H.-M., Scholz, R.D. (2006): *Lifetime earnings and life expectancy*. MPIDR Working Paper WP 2006–008.

[12] Bundesamt für Statistik (1997): *Berufsspezifische Mortalitätsrisiken der Männer in der Schweiz* 1979/83.

[13] Siehe die umfangreichen Erhebungen der Hans-Böckler-Stiftung unter http://www.boeckler.de (Zugriff am 23.04.2007).

[14] Siehe die Hinweise in der Literatur oben von Siegrist & Marmot (2006), die insbesondere auf die sich in den letzten Jahren auseinanderbewegende Lebenserwartung zwischen den sozialen Schichten hinweisen.

[15] Luy, M.: *Differentielle Sterblichkeit: Die ungleiche Verteilung der Lebenserwartung in Deutschland.* Rostocker Zentrum zur Erforschung des Demografischen Wandels. Diskussionspapier Nr. 6, Dezember 2006.

[16] Alle Angaben beziehen sich auf das Jahr 2003 in den alten Bundesländern, siehe: Deutsche Rentenversicherung: *Deutsche Rentenversicherung in Zahlen 2006*:37.

[17] Dritter Versorgungsbericht der Bundesregierung vom 25.05.2005: 64ff.

[18] Die Zeit, 9.02.2006.

[19] http://www.boeckler.de/pdf/pm_ta_2007_03_07_tabelle.pdf – Zugriff am 23.04.2007.

[20] Siehe die Ziele von Public Health in Schweden, zu denen die Überwindung der sozialen Ungleichheit zählt. Swedish National Institute of Public Health: *The 2005 Public Health Policy Report. Summary,* Stockholm 2005.

[21] So der damalige Bundesvorsitzende der «Jungen Liberalen», Jan Dittrich, in der Bild, 4.03.2005.

[22] So der Bundesvorsitzende der «Jungen Union», Philipp Missfelder, im Tagesspiegel, 3.08.2003.

[23] Bundesministerium für Gesundheit und Soziales: *Nachhaltigkeit in der Finanzierung der Sozialen Sicherungssysteme*, Bericht der Kommission. Berlin 2003:65.

[24] Institut für Arbeitsmarkt- und Berufsforschung der Bundesagentur für Arbeit: IAB-Kurzbericht 2006; 16.

[25] Deutscher Bundestag. Rente mit 67 pro und contra. Wissenschaftliche Dokumentation Nr. 25/06 vom 7.06.2006.

Zum Kapitel «Pflege im Zweiklassenstaat»

[1] Breitscheidel, M.: *Abgezockt und totgepflegt. Alltag in deutschen Pflegeheimen.* Econ, Berlin 2005.

[2] Zur Finanzentwicklung der Pflegeversicherung siehe: www.bmg.bund.de.

[3] Dies ist bezogen auf gesetzlich versicherte Männer und Frauen im Alter von 65 Jahren. Bickel, H.: *Lebenserwartung und Pflegebedürftigkeit in Deutschland.* Gesundheitswesen 2001;63:9–14.

[4] Eigene Berechnungen anhand der Daten des Sozioökonomischen Panels SOEP 2005. Aufgrund der schiefen Verteilung mit wenigen Ausreißern nach oben ist der Median aussagekräftiger als das arithmetische Mittel, das bei 91 150 Euro liegt.

[5] Pflegestatistik 2005, siehe: www.destatis.de.

[6] Sie liegen nach eigenen Berechnungen nur bei durchschnittlich 58 Euro pro Monat im Vergleich zu 248 Euro für jeden gesetzlich Versicherten.

[7] Weyerer, S.: *Altersdemenz. Gesundheitsberichterstattung des Bundes* 2005; Heft 28. RKI. Berlin.

[8] Goldbourt, U., Schnaider-Beeri, M., Davidson, M.: *Socioeconomic status in relationship to death of vascular disease and late-life dementia.* Journal of the Neurological Sciences online, 28.03.2007.

[9] Die Lebenserwartung Neugeborener liegt nach der neuen PKV-Sterbetafel 2004 bei 86,8 Jahren für Frauen bzw. 83,0 Jahren für Männer (http://www.versicherungsnetz.de/News/Meldung.asp?Meldung=2374). Zugriff am 23.04.2007.

Nach den Daten des Statistischen Bundesamtes liegt die Lebenserwartung von Jungen, die im Jahre 2004 geboren wurden, bei 75,9 Jahren, die für Mädchen bei 81,5 Jahren.

[10] Wilson, R.S., Krüger, K.R. et al.: *Loneliness and Risk of Alzheimer Disease*. Archives of General Psychiatry 2007;64:234–240.

[11] Deutscher Bundestag, Ausschuss für Gesundheit, Wortprotokoll, 32. Sitzung, Berlin, 8.11.2006:14.

[12] Gesundheitspolitische Informationen des Bundesministeriums für Gesundheit, Stand 02/2007.

[13] Berechnungen des IGKE Köln.

[14] Nach Daten der sozialen und privaten Pflegeversicherungsstatistik.

[15] Statistisches Bundesamt 2006, www.destatis.de. Die Sozialhilfe übernimmt nach SGB XII §§ 61–66 bei Pflegebedürftigkeit die mit der Pflege verbundenen Kosten ganz oder anteilig für Pflegebedürftige. Voraussetzung ist die Sozialhilfebedürftigkeit, die wie auch das Arbeitslosengeld II vom Einkommen abhängt. Für Hilfe zur Pflege wurden 2004 3,1 Milliarden Euro ausgegeben.

[16] Die durch das Pflege-Qualitätssicherungsgesetz PQSG von 2002 erweiterten Regelungen zur Qualitätssicherung sind in dem neu eingefügten Kapitel 11 des Sozialgesetzbuches XI zusammengefasst und in den Qualitätsprüfungs-Richtlinien QPR von 2005. Der 1. Bericht des Medizinischen Dienstes der Spitzenverbände der Krankenkassen (MDS) nach § 118 Abs. 4 SGB XI «Qualität in der ambulanten und stationären Pflege» (2004) ist einzusehen unter (http://www.mds-ev.org/aktuelles/download/Bericht-118-XI_QS-Pflege.pdf). Zugriff am 24.04.2007.

[17] Zusammenfassung im Statement von Dr. Peter Pick, Geschäftsführer des MDS (http://www.mds-ev.org/aktuelles/download/Statement%20f%FCr%20die%20Pressekonferenz%2011.11.04.pdf). Zugriff am 23.04.2007.

[18] Die Todesursache Dekubitus steht zwar selten auf dem Totenschein, nach einer Querschnittserhebung des Instituts für Rechtsmedizin der Hamburger Universitätsklinik haben aber etwa zwei Prozent der Toten schwere Durchliegestellen, insgesamt wurden bei insgesamt 11,2 Prozent der Leichen Dekubitalgeschwüre gefunden. Siehe: Ärztezeitung vom 8.01.2001.

[19] Fussek, C., Loerzer, S.: *Alt und abgeschoben. Der Pflegenotstand und die Würde des Menschen.* Herder, Freiburg 2005.

[20] Siehe dazu 30 durch Bauchgurte ausgelöste Todesfälle (http://www.bfarm.de/cln_042/nn_828866/DE/Medizinprodukte/riskinfo/wissauf/wissauf-node.html__nnn=true). Zugriff am 23.04.2007.

[21] Dies sind Daten aus einer Studie von Hirsch, R.: *Prävention und Intervention gegen Gewalt bei alten Menschen in Einrichtungen,* Bonn 2001 (http://www.humanrights.ch/home/upload/pdf/050825_hirsch_praevention.pdf). Link vom 11.04.2007.

[22] The Alzheimer's Research Trust. *Neuroleptics: do they accelerate cognitive decline and exacerbate neuronal loss?* 2007.

[23] Statement von Dr. Peter Pick, Geschäftsführer des MDS (http://www.mds-ev.org/aktuelles/download/Statement%20f%FCr%20die%20Pressekonferenz%2011.11.04.pdf).

[24] Dies bezieht sich auf gesetzlich versicherte Männer und Frauen im Alter von 65 Jahren, siehe: Bickel, H.: *Lebenserwartung und Pflegebedürftigkeit in Deutschland.* Gesundheitswesen 2001;63:9–14.

[25] Lauterbach, K., Gerber, A., Stollenwerk, B., Lüngen, M.: *Verblisterung von Arzneimitteln für Altenheime und in der häuslichen Pflege: Beschreibung und Bewertung eines Pilotprojekts* (September 2004 bis Dezember 2005), Köln 2006.

[26] 1. MDS-Bericht (s. Anm. 16), der allerdings nicht zwischen Mängeln der Ernährungs- und Flüssigkeitsversorgung trennt.

[27] Bader, A., auf dem Keller, S., Puteanus, U., Wessel, T.: *Erhalten die Bewohner von Pflegeheimen vor Ort die richtigen Arzneimittel? Zur Qualität beim Stellen von Arzneimitteln in Pflegeheimen.* Gesundheitswesen 2003;65:236–42.

[28] Ebd.

[29] Eigene Berechnungen nach RSA-Daten des Bundesversicherungsamtes von 2005: medizinische Kosten 4833,5 Euro; durchschnittliche Pflegeausgaben pro Pflegefall im Jahr 2005: 8655,80 Euro (Zahlen und Fakten zur Pflegeversicherung 01/07).

[30] So äußerte etwa Professor Bernd Raffelhüschen gegenüber der Wirtschaftswoche vom 9.02.2005: «Die Pflegeversicherung ist ... die größte Zeitbombe unseres gesamten Sozialsystems. ... [Sie] muss daher ... komplett auf Kapitaldeckung umgestellt werden. Und zwar als private Pflichtversicherung, der sich niemand entziehen kann.»

Zum Kapitel «Wie die Privilegierten das Land ruinieren»

[1] Deutsche Bundesbank: Monatsbericht 2/2007, S. 40.

[2] Bundesministerium für Wirtschaft (BMWi). *Zur wirtschaftlichen Lage in der Bundesrepublik Deutschland,* Monatsbericht 11/2006.

[3] Bundesministerium für Gesundheit und Soziales: *Nachhaltigkeit in der Finanzierung der Sozialen Sicherungssysteme,* Bericht der Kommission. Berlin 2003:61.

[4] So etwa Michael Schlecht, der Chefvolkswirt des Verdi-Bundesvorstands in der Frankfurter Rundschau vom 27.01.2007.

[5] OECD, entnommen SVR Wirtschaft (2006): *Widerstreitende Interessen - Ungenutzte Chancen.* Jahresgutachten 2006/7:386.

[6] Deutscher Bundestag: *Nationaler Bildungsbericht 2006 - Bildung in Deutschland und Stellungnahme der Bundesregierung,* 16. Wahlperiode - Drucksache 16/4100:83.

[7] IAB-Zahlenfibel (http://www.sozialpolitik-aktuell.de/datensammlung/4/tab/tabIV25.pdf). Zugriff am 12.04.2007.

[8] Geringqualifizierte und Arbeitslosigkeit: Im Jahr 2004 lag die qualifikationsspezifische Arbeitslosenquote für Personen ohne Berufsabschluss bei 24,6 Prozent gegenüber 4,0 Prozent bei Hochschul- und Fachhochschulabsolventen bzw. 11,2 Prozent über alle Qualifikationen (Vgl. Bundesagentur für Arbeit, Strukturanalysen, siehe http://www.sozialpolitik-aktuell.de/tabellen_arbeitsmarkt.shtml#III.2 Zugriff am 01.03.2007.)

Während sich für Personen mit Ausbildung die Arbeitslosenquote von 1975 bis 2004 etwas mehr als verdoppelte, hat sich im gleichen Zeitraum die Arbeitslosenquote für Personen ohne Ausbildung mehr als verdreifacht. Siehe: Gauselmann, A., Wiekert, I., Winge, S.: *Verdrängt und vergessen? Geringqualifizierte auf dem Arbeitsmarkt.* Wirtschaft im Wandel. 2007;1:28–33.

Spiegelbildlich ist bei steigenden Qualifikationsanforderungen der Anteil der geringqualifizierten Beschäftigten an den Gesamtbeschäftigten in Deutschland von 30 Prozent im Jahr 1996 auf 22 Prozent im Jahr 2005 gesunken (Bellmann, L., et al.: *Personalbewegung und Fachkräfterekrutierung. Ergebnisse des IAB-Betriebspanels,* Nürnberg, IAB-Forschungsbericht 11/2006:46).

Das Ausmaß der Situation wird aber erst deutlich, wenn neben der Betroffenheit von Arbeitslosigkeit auch ihre Dauer berücksichtigt wird. Unter den Langzeitarbeitslosen lag der Anteil der Personen ohne Berufsausbildung in Deutschland 2005 bei 38,4 Prozent. Der entsprechende Anteil der Akademiker lag dagegen bei 4,6 Prozent. (Berechnungen der Bundesagentur für Arbeit für das IWH, November 2006, in: Gauselmann et al., op.cit.) Damit ist das Arbeitsmarktrisiko für Bevölkerungsgruppen mit geringem Bildungsstand in Deutschland im europäischen Vergleich besonders hoch. Die Wahrscheinlichkeit, dass eine arbeitswillige Person im Alter zwischen 25 und 59 Jahren mit einem Bildungsstand unter Sekundarstufe II arbeitslos ist, lag für Deutschland in 2005 bei 20,1 Prozent gegenüber 12,8 Prozent im EU-Durchschnitt. Damit liegt Deutschland bei den EU-Mitgliedsstaaten auf Rang 22, abgeschlagen hinter Luxemburg (5,0 Prozent), Niederlande (6,0 Prozent), Großbritannien (6,9 Prozent) und Frankreich (11,0 Prozent). Nur in Griechenland, Polen und der Slowakei ist die Lage gering Gebildeter noch problematischer. Siehe hierzu: Jörgensen, J.F., Schulz zur Wiesch, J.: *Wie sozial ist Europa? Eine Kurzstudie zur sozialen Lage in Europa.* Studie im Auftrag der Hans-Böckler-Stiftung, Oktober 2006:19ff.

[9] So stieg die qualifikationsspezifische Arbeitslosenquote der Personen ohne Berufsausbildung von 1991 bis 2004 von 14,5 Prozent auf 24,6 Prozent, siehe: Institut für Arbeitsmarkt- und Berufsforschung (IAB) (http://www.sozialpolitik-aktuell.de/datensammlung/4/ab/abbIV40.pdf). Zugriff am 12.04.2007.

[10] Deutscher Bundestag (2006). *Nationaler Bildungsbericht 2006 – Bildung in Deutschland und Stellungnahme der Bundesregierung,* 16. Wahlperiode – Drucksache 16/4100, S. 143.

[11] Hartmann, M.: *Der Mythos von den Leistungseliten. Spitzenkarrieren und soziale Herkunft in Wirtschaft, Politik, Justiz und Wissenschaft,* Campus, Frankfurt/New York 2002:56.

[12] Ebd, S. 118.

[13] Hartmann, M.: *Eliten in Deutschland. Rekrutierungswege und Karrierepfade.* Das Parlament. Aus: Politik und Zeitgeschichte 2004; B10:17–21.

[14] Spengler, H.: *Ursachen und Kosten der Kriminalität in Deutschland. Drei empirische Untersuchungen, Dissertation.* Technische Universität Darmstadt 2004 (http://elib.tu-darmstadt.de/diss/000531/spengler_hannes_diss.pdf). Zugriff am 17.04.2007, S. 75ff.

[15] Bundesministerium für Arbeit und Soziales: SozialKompass Europa. Soziale Sicherheit im internationalen Vergleich, Bonn 2006:58ff.

[16] Eigene Berechnungen unter Verwendung des Spiegel-Online-Steuerrechners. Darin ist ein durchschnittlicher Beitragssatz zur GKV von 13,8 Prozent sowie ein Arbeitgeberbeitrag zur GUV von 1,3 Prozent berücksichtigt. Freiwillige betriebliche Leistungen und Rückstellungen für Urlaubsgeld sind in diesen Berechnungen nicht berücksichtigt.

[17] Spiegel Online vom 26.02.2007.

[18] So stiegen die Ausgaben je Mitglied in der PKV von 1992 bis 2001 um rund 43 Prozent gegenüber einem Ausgabenanstieg je Versichertem in der GKV von rund 30 Prozent, siehe: Antwort der Bundesregierung auf die Anfrage 49 des MDB Horst Seehofer zur Ausgabenentwicklung der letzten 10 Jahre in der GKV bzw. PKV und die daraus resultierenden Beitragssatzentwicklungen, Deutscher Bundestag, 15. Wahlperiode, Drucksache 15 / 1859, 31.10.2003.

[19] Bundesministerium des Innern: Der öffentliche Dienst in Deutschland. 2006:44.

[20] Spiegel Online vom 14.04.2007.

[21] Bundesärztekammer, Bundesverband der freien Berufe et al.: Gesundheitsreform: Initiative pro PKV, Pressemitteilung vom 21.04.2006; Bundesärztekammer, Bundesverband der freien Berufe et al.: Gemeinsame Erklärung für die anstehende Gesundheitsreform, Schreiben an Bundeskanzlerin Merkel vom 20.04.2006.

[22] Der beschlossene Anstieg des Steuermittel ab 2009 auf bis zu 14 Milliarden Euro für die GKV ist mit keiner Gegenfinanzierung verbunden und muss jedes Jahr neu bei den Haushaltsberatungen verhandelt werden.

Stichwortverzeichnis

Danksagung

Dieses Buch hätte nicht geschrieben werden können ohne die Mitarbeit von Guido Büscher, Jan Edel, Andreas Gerber, Gabriele Klever-Deichert, Markus Lüngen, Evelyn Plamper, Olaf Rotthaus und Stephanie Stock. Im Rowohlt·Berlin Verlag danke ich vor allem Julia Kühn und Jens Dehning für ihre professionelle und freundschaftliche Hilfe. Zwei sehr wichtige anonyme Leser sollen hier erwähnt werden, sie haben das Buch besser gemacht, auch wenn sie nicht genannt werden können. Von der Basis meiner Partei möchte ich besonders Karl-Heinz Frebel, Norbert Fuchs und Eva Lux danken.